밑불이라는 말이 있다

범실잡록

밑불이라는 말이 있다 범실잡록

초판 1쇄 인쇄 · 2026년 1월 5일
초판 1쇄 발행 · 2026년 1월 10일

지은이 · 복효근
펴낸이 · 한봉숙
펴낸곳 · 푸른사상사

주간 · 맹문재 | 편집 · 지순이 | 교정 · 김수란
등록 · 1999년 7월 8일 제2-2876호
주소 · 경기도 파주시 회동길 337-16 푸른사상사
대표전화 · 031) 955-9111(2) | 팩시밀리 · 031) 955-9114
이메일 · prun21c@hanmail.net / prunsasang@naver.com
홈페이지 · http://www.prun21c.com

ISBN 979-11-308-2351-5 03810
값 18,000원

복효근 산문집

밑불이라는 말이 있다

범실잡록

작가의 말

오늘이 내일의 밑불이기를 바라는 소망을 담아 붙인 제목 '밑불이란 말이 있다' 그 밑에 '범실잡록'이라는 부제를 붙여보았습니다. '범실'은 40 후반에 집을 짓고 정착한 마을 이름. 호랑이 고을이라는 뜻을 지닌 호곡(虎谷)의 순우리말 이름입니다. 마을을 둘러싸고 있는 산세가 호랑이가 엎드려 있는 것 같다 하여 붙여진 이름이라고 합니다. 주로 이곳에 살면서 쓴 글을 모아서 그렇게 제목으로 삼고자 하였습니다. 그런데 이 '범실'을 동음어 한자로 '범실(凡失)'이라 쓰면 주로 야구에서 쓰는 말로 '실수를 범하다'가 되지요. 어떤 시인은 팔 할이 바람이라고 했는데 나는 팔 할이 실수였습니다. 어쩌면 여기에 실린 글은 수많은 실수의 기록입니다. 서툰 삶의 기록이라고나 할까요?

여기 조각글들은 '그저 그렇단 얘기'입니다. 배움이 깊지 못하여 생각은 짧고 그나마 독서도 넓거나 깊지 못하여 앎을 내세우거나 빛나는 지혜를 담을 재주가 없었습니다. 맑은 말씀이나 깨달음을 담기에도 내 삶은 한참이나 함량 미달이었습니다. 그래도 내가 살아온 삶의 흔적인지라 몇 조각이나마 그 편린을 한데 모아서 정리해보자 하였습니다. 미사여구는 잘 알지 못하여 그냥 소박하게 쓴 일기와 같은 글입니다.

산문과 함께 관련된 몇 편의 시를 실었습니다. 산문이라 해서 본격적인 수필도 아니고 어설픈 조각글입니다. 그래서 '잡록(雜錄)'이 된 것입니다. 짜임새 있는 사유나 예술성보다는 기록의 의미가 커서 '록(錄)'이라 한 것이지요. 몇 꼭지는 오래전에 썼거나 발표한 것을 부분적으로 손을 보기도 하였습니다. 기억이라는 것이 때로 편집되기도 하는 것이어서 겪었던 경험과 꼭 일치하는지도 자신 없습니다.

자식으로, 아비로, 지아비로, 선생으로, 시인으로 목숨 걸고 살아보지 않은 자의, 그래도 할 말이 없지는 않은, 그래서 수줍은 자기변명 같은 것이라고나 할까요? 좀 값을 쳐줘서 말한다면 이 글 조각들을 '사랑의 흔적'이라고 하면 어떨까 싶기도 합니다. 실수로 점철된 삶이었지만 자신과 가족과 이웃과 동시대인에 대한 그리고 세상에 대한 서툰 사랑의 기록이라고요.

내가 한 일이, 내가 쓴 글이 범실이었음을 깨달을 때마다 내가 이르러야 할 맑고 투명하고 밝은 지점이 더욱 오롯해지고 간절해집니다. 그것이 이 잡록을 묶을 용기를 내게 했는지도 모릅니다. 이 잡록이 앞으로 살아갈 날들의 밑불이었으면 좋겠습니다. 그렇다는 얘기입니다.

2026년 새해
복 효 근

차례

차례

제2부 닮아서 빛나는 어떤 생

제3부 시 앞에서 탄식하다

제4부 새와 더불어

제 1 부

범실에 살어리랏다

범실에 집을 짓다

아파트 생활을 벗어나고 싶었다. 비가 와도 풀과 나무와 땅에 떨어지는 소리 들리지 않고 눈이 와도 저 아래로 떨어져 쌓이지 않는 아파트 대신 자연을 느낄 수 있는 곳으로 가서 살고 싶었다. 시골에 가서 살자 했을 때 아내는 기다린 것처럼은 동의하지는 않았으나 크게 반대하지도 않았다. 지어진 집 말고 내가 지은 집에서 살고 싶었다. 한번 그렇게 정하고 나니 마음은 이미 시골에 가 살고 있었다. 그러나 땅을 사고 집을 지을 만큼 가진 돈이 없었다. 꿈이라도 꾸자. 해서 벼룩신문을 뒤져보고 땅을 물색하던 중 어느 날 지리산 가까운 곳에 빈 땅이 났다는 광고를 접했다. 지리산 아래 집을 짓고 사는 게 내 작은 소망 가운데 하나였다. 야트막한 산으로 둘러싸인 아늑한 작은 마을 한구석에 대밭을 배경으로 그리 넓지 않은 땅이 하나 있었다. 둘레에는 아름드리 은행나무가 두 그루 있었고 대밭에는 커다란 느티나무와 참나무가 서 있었다. 딱 그것이었다. 우리 부부의 맘에 꼭 들었다. 그때가 IMF 때인데 세상물정 모르는 우리는 은행에서 대출을 받았다.

10년을 기다리기로 하였다. 아이들 커가는 시기라 힘들기도 하였지만 부푼 마음에 10년이 후딱 지났다. 때가 된 것이다. 아파트 청산하고 모자란 돈은 대출을 받아 집을 지었다. 마침 후배가 건축업자와 함께 집을 짓고 있었다. 통나무를 주재료로 하고 흙벽돌로 짓는 집이었다. 옳다 싶어 망설이지 않고 후배 집 공사가 끝나는 즈음 내 집도 짓기로 했다. 하얀 종이에 그림을 그려가며 집을 설계하는 동안 잠을 설칠 정도로 설레던 시간이었다. 공사 기간이 지켜지지 않았고 지어진 집도 썩 맘에 들진 않았으나 비로소 집다운 내 집이 생겼다는 기쁨에 벅찬 마음으로 낯선 동네에 이사를 했다.

범실은 한자로 하면 호곡, 호랑이 고을이다. 마을 입구에서 산을 바라보면 호랑이 한 마리가 웅크리고 앉아 있는 모습이다. 내 읽어보지는 않았으나 김정빈이라는 풍수학자가 쓴 책 『터』에 동복호(삼남의 동쪽에 호랑이가 엎드려 있는 모양의 산세)가 언급되는데 바로 그 산이라고 했다. 아직 쓰지 않은 좋은 명당이 숨어 있는 산이라고 했다. 마을 사람들 말에 의하면 우리 집터는 호랑이가 젖을 물리는 자리로 집 자리로 아주 좋은 자리라 했다. 그런 말을 딱히 믿지는 않으나 기분은 나쁘지 않았다. 그 자리에 두 호랑이가 집을 지어 들어왔으니 옳게 들어온 셈이다. 그후로 이제까지 호랑이처럼 으르렁거리며 살고 있다. 사람 앞날 모르는 일이다. 아무 연고도 없는 이곳에 와서 둥지를 틀 줄이야. 나는 지리산 아래 범실에 산다.

약력 추가

시 쓰는 일과 별 관계도 없는 무슨 직함
또 무슨 직함 화려한 이력을 열거한 걸 보면
부럽다 싶다가도
시인이라는 이름도 버거운데
그 무거운 약력에 눌린 생이 안쓰러워 보이기도 했지요

그러나
뱀눈그늘나비가 날개에 뱀눈을 그려 넣은 것처럼
쬐그만 가시복어가 제 몸을 부풀리고 가시를 세우는 것처럼
화려한 때론 거창한 약력은
약하디약한 스스로에 대한 자기위안 혹은
보호색 내지는 위장술이라는 생각에
고개가 끄덕여지기도 했지요

하여 나도
뱀눈그늘나비 날개 면적만도 못한 내 약력에
아주 당당하게 그리고 거창하게
내 초라한 초상에 광배를 두르듯
한 줄 추가하기로 마음 먹었지요

"지리산 그늘 아래 산다."
이 한 문장

헴!

탱자 이야기

집 뒤 대밭에는 언젠가부터 나서 자란 탱자나무가 있다. 처음엔 있는지도 몰랐는데 언젠가부터 꽃을 피우고 열매를 맺어 가을이면 노란 탱자가 매달려 익는다. 탐스럽게 익어도 너무도 그 맛이 시어서 다른 과일처럼 먹을 수가 없다. 옛날엔 지정된 공간에서 벗어나지 못하게 탱자나무로 울타리를 만든 집에 죄인을 안치시켰다고도 했다. '위리안치'라 했다. 여염집에서도 생울타리로 많이들 심었지만 언젠가부터 탱자나무는 보기가 힘들어졌다.

이사 오던 해 언덕 위 앞집 텃밭 가에 탱자나무 한 그루가 있었다. 가을, 탱자가 주렁주렁 매달려 황금빛으로 익어가고 마침내 한 알씩 땅에 떨어져 구르는 동안에도 주인은 탱자를 거두지 않았더랬다. 가끔 오고 가는 차에 깔려 탱자가 터져 짓뭉개지는 꼴을 지켜보는 것이 안타까웠다. 바구니에 담아서 집 안에 두거나 차 안에 두면 그 향기가 그만인데…… 저 많은 탱자 그냥 떨어져 다 썩게 두느니 우리가 몇 개 따다가 차 안에 두자 싶어 아내와 모의를 했다. 내가 신발을 탱자나무에 던지면 탱자가 떨어질 것이고 그러면 주워 담자는 것이었다.

두어 번 더 신발을 던졌고 우린 떨어진 탱자를 줍기 바빴다. 한참 줍다 보니 왠지 누군가 지켜보는 듯한 느낌이 드는 것이었다. 아닌 게 아니라 앞집 주인이 언덕 위 자신의 집 앞에서 빠끔하게 내다보고 있는 것이었다. 눈이 마주치자 내가 먼저였던가, 아니면 그쪽이 먼저였던가 빙긋이 웃었다. 서로 그럴 수밖에 없었을 것이다. 서녘 하늘에 언제 나타났는지 초승달이 빙그레 웃으며 우릴 내려다보고 있었다. 선생 내외가 이사 와서 살더니 염치 모르는 도둑들 아닌가, 정말 선생들 맞나 했을 것이다.

그 뒤로 탱자나무를 보면 죄를 지은 듯 '위리안치(圍籬安置)'라는 말이 머릿속에 맴돌았다. 모르는 사이에 그 탱자나무는 사라지고 자취 없이 세월은 흘렀다. 그렇게 그 사건은 탱자 향기를 가슴에 남기고 지나갔다. 올해도 대밭 언덕에 탱자가 노랗게 익어간다.

범실의 수탉은 내 이름을 부르며 운다

약간의 불편함을 각오하고 시골마을로 들어온 터라 어지간하면 참고 살아가는데 특별히 참기 어려운 게 하나 있다. 그건 바로 앞집 닭 울음소리. 여러 암탉 가운데 수탉이 한 마리 있는 것 같다. 그런데 이 집 수탉은 자정에도 울고 새벽 두 시에도 울고 때가 없다. 가뜩이나 잠귀가 밝은 나는 여간 고통스러운 게 아니다. 창문을 다 열어놓고 생활하는 여름날이면 수시로 잠을 깨곤 한다. 이웃 간이라 그저 아무 말 못 하고 살아가고 있다. 인근에 있는 가로등 때문에 새벽이 온 줄 알고 울어대는 것이겠지 생각도 해보았다. 아무러면 주인이 닭에게 "아무 때나 울어라." 하고 가르치기야 했겠느냐고 생각도 해보았다.

초여름 더위가 얼마나 사납던지 이 시골 마을에도 잠을 이루기 어려운 날이 며칠 이어진다. 이 수탉은 예절 교육을 전혀 받은 적이 없나 보다. 아니면 저도 너무 더워 짜증이라도 난다는 듯 새벽이 오기도 전에 1분에 두 번씩은 우는 것 같다. 농사를 짓는 집 주인에게야 살아 있는 알람 소리로 들릴지 모르나 나에게는 꽃잠을 이룰 시간에 잠이 깨면 치오르는 짜증을 재울 수가 없다.

닭 울음소리도 나라마다 사람마다에게 달리 들리는 모양이다.

영어로는 "cock-a-doodle-doo"로 표기한다고 한다. 우리는 수탉 울음소리를 보통 "꼬끼오"로 적는다. 그런데 이 수탉은 어떻게 내 이름을 알았는지 "보쿄그~은" 하고 우는 것 같다. 아니 그런 것 같은 게 아니라 그렇게 운다. 매번 들어도 그렇게 들린다. 아무리 "김철수"로 들으려 해도 그건 아니다. 나에게 무언가를 채근하는 소리 같기만 하다. 무언가 다그치고 나무라는 듯하다.

청마 유치환 시인은 1953년 『예루살렘의 닭』이라는 수상록을 펴냈다. 거기에 표제작으로 실린 글을 한 대목 옮겨본다. "오늘도 너는 조소와 모멸로써 침 뱉고 뺨치며 위선이 선을 능욕하는 그 부정 앞에 오히려 외면하며 회피함으로써 악에 가담하지 않았는가.//새벽이면 새벽마다 먼 예루살렘성의 닭은 제 울음을 길게 홰쳐 울고 내 또한 무력한 그와 나의 비굴에 대하여 죽을상히 사무치는 분함과 죄스럼과 그 자책에 눈물로써 베개 적시우노니."

시국이 어지럽다. 위선이 선을 능욕하고 악을 저지른 자들은 악을 덮으려 온갖 거짓을 둘러대고 있다. 거리엔 촛불이 늘어나고 있다. 나는 그 앞에서 무엇을 하고 있는가? 그 악과 부정을 외면하고 회피함으로써 오히려 악에 가담하고 있지는 않은가? 베드로는 세 번씩이나 예수님을 부정하고 닭 울음소리를 듣고야 크나큰 죄를 지었음을 깨달아 회개의 눈물을 흘렸다고 한다. 이 새벽에도 닭이 내 이름을 부르며 운다. 닭울음소리에 몸 뒤척이며 짜증에 몸을 바치는 대신 내가 외면한 정의와 나의 비굴에 대하여 참회의 눈물이라도 흘려야 되지 않을까.

범실의 닭

앞집 장닭이 운다
새벽인가 깨었더니 한밤중이다
시도 때도 없이 운다
영어를 배우지 않은 닭이 'cock-a-doodle-doo' 운다는 말은
그야말로 말도 안 된다
미국 닭이 '꼬끼오' 운다는 말도 낭설일 것이다
잘 들어보니 우리 동네 닭은 내 이름을 부르며 운다
어찌 알았는지
'보쿄그~은' 내 이름을 길게 홰쳐 운다*
한 마리가 울면
이내 옆집 옆집으로 번져
온 동네 장닭들이 울음의 그물을 짠다
버리지 않았어야 할 그 무엇을 버리지는 않았는지
목숨 걸어야 할 그 무엇을
세 번 네 번 부정하지는 않았는지

* 유치환의 「예루살렘의 닭」 한 부분 변용.

거듭거듭 그 누구에게 등 돌리지는 않았는지
다그치고 힐난하듯
그것 보라는 듯 그럴 줄 알았다는 듯
웃기지 말라는 듯
보꾜그~은 보꾜그~은 장닭이 운다

은행나무와 나와의 관계

집 지을 땅을 보러 왔을 때 주택부지 주위에 아름드리 은행나무 두 그루가 있었다. 그 나무가 드리우는 그늘과 가을이면 물들 그 노란 우듬지를 상상하자니 벌써 집이나 지어놓은 것처럼 가슴이 벅차올랐다.

그로부터 딱 10년이 지나고 집을 지어 입주를 하였다. 그런데 윗집 어르신이 담 옆의 은행나무를 베어 없애달라 하신다. 가을이면 은행 열매가 떨어져 냄새가 심하고 잎이 댁 마당에 쌓여 귀찮다는 이유다. 이 아름다운 나무를 베어내다니, 아깝지만 어르신 고충도 이해가 되어 은행나무 한 그루를 어찌어찌하여 베어내서 없앴다.

그러나 남은 한 그루도 문제가 없는 게 아니었다. 너무 크게 자란 데다 큰 가지가 마당 여기저기로 뻗어 있어 나에게도 골칫거리였다. 멀리서는 아름답지만 가까이서 함께하자니 문제가 한두 가지가 아니었다. 그렇다고 나무를 없애는 것은 너무 억울하고 아까웠다.

어찌 그런 용기가 났는지 모르겠다. 이제 돌아보니 만용에 가까웠다. 큰 엔진톱을 들고 사다리를 타고 나무에 올라서 큰 가지들을 베어냈다.

엄청난 크기와 무게를 지닌 가지가 마당에 곧바로 떨어지는 것을 막기 위해 밧줄로 본래의 둥치에 묶어 서서히 떨어지게 하였다. 그리고 10미터 이상의 나무를 5미터 정도에서 중간을 잘라냈다. 사다리차와 같은 장비의 도움도 없이 그 위험천만한 일을 내가 했다니 지금 생각하면 아찔하다.

몇 해가 지나자 커다란 말뚝 모양으로 보기 흉하게 남은 은행나무 맨 끝부분에서 새 가지가 나더니 마치 큰 빗자루 같은 우듬지가 형성되었다.

이제 나무는 밑둥 둘레가 한 아름을 넘게 굵게 자랐다. 보기 좋은 부채 모양으로 자란 나무는 가을이면 황금 잎을 팔랑이며 위용을 자랑한다. 멀리서도 은행나무가 우리집

위치를 알려준다. 나보다 훨씬 더 오래오래 이 자리에 서 있을 것이다.

겨울 은행나무 아래

늦은 밤
잎 다 떨군 마당 가 은행나무 올려다보면
오리온좌며 카시오페아며 뜻 모를 신화들을 매달고 무언가
빛나는 일들을 도모하는지
은하의 비밀한 일들과 내통이라도 하는지
안테나 같은 가지를 하늘 향해 쳐들고 있다
애들 키우고 가르치고
집 지어 이사하여 여기에 둥지를 틀기까지
마이너스 통장으로 절망을 유보하며 사는 동안
은행나무는 성큼 자라서
아득하다 그 높은 곳에서
발을 구르며 흐느낌 새어 나오는
창 안쪽을 얼마나 들여다보았을까
집 가까이 큰 은행나무를 두면 사람의 기가 다 빨린다고
베어버리라던 충고들을 귓등으로 넘기고
그대로 두었더니 이제
식구 수를 물으면 나무도 헤아리게 된다

버티며 견디며 하늘로 시선을 두고
나보다 더 오래 살 나무는 말없이
기억할 것이다
좀스럽고 결핍으로 조브장해진 어깨를 가진 한 사내가
함께 견디고 버티며
은행 잔고를 헤아리기보다
은행나무에 맺힌 별을 더 헤아리던 것을
수많은 밤
오래 은행나무 아래 서성이던 것을

이웃집에 관음보살이 살았다

보살님은 우리집보다 살짝 높은 골목 맞은편 낡은 집에서 혼자 사셨다. 어쩌다 따님 가족이 다녀가곤 사람의 왕래가 많지 않았다. 젊어서 남편 노름 뒷감당하고 나이 들어 늙어 홀로 된 몸을 객지의 빈집에 의탁하여 살고 계셨다.

오래된 카세트 테이프로 불경을 틀어놓고 늘 텃밭에서 일을 하셨다. 허리가 굽어 몇 걸음 옮기다가도 한참을 쉬어가는 노구를 이끌고 멀리 진주에 있는 절까지 다녀오시곤 하셨다. 우리는 할머니를 보살님이라 불렀다. 우리 내외가 바로 앞에 집을 지어 이사하자 표가 나게 귀애해주셨다. 잡초 우거진 터에 집이 들어서고 사람이 사니 그렇게 든든하고 좋더라는 것이었다. 보살님은 텃밭에서 가꾸신

채소를 정갈하게 다듬어 가져다 주시곤 하셨다. 꼭 자식 대하듯 따뜻하게 정답게 대해주셨다. 카세트에서 들려오는 불경 소리가 듣기 좋다 했더니 보살님은 우리 퇴근 시간에 맞춰 마루에 카세트를 내놓고 골목이 떠나가도록 크게 불경을 틀어놓기도 했다. 이곳에 이사 와서 가장 깊이 정이 든 분일 것이다.

어느 해 겨울이던가 가끔 댁에서 들려오는 기침 소리가 멎지 않았다. 출입도 하지 않았다. 결핵을 앓고 계셨던 것 같다. 어느 날 날씨가 맵찬 입춘 무렵으로 기억된다. 따님과 사위가 찾아와 어머니와 함께 불러놓은 택시를 기다리고 있었다. “이렇게 되드락 전화도 않고 뭐 했어? 남들 보기 챙피허게…….” 담벽에 의지하고 있는 어머니를 향해 딸년이 한 말이다. 보따리 하나를 싣고 그렇게 집을 떠난 보살님은 요양병원에 들어갔다. 딱 한 번 병문안을 갔다. 뒤에 들으니 얼마간 계시다가 세상을 뜨셨다고 했다.

입춘 무렵

혼자 살다가, 버티다가
딸내미, 사위들 몰려와서
가재도구 차에 나누어 싣고
앞집 할머니 콜택시 불러 요양병원으로 떠난다

아프면 아프다 진작 말하지
요 모양 요 꼴 되어서
이웃에서 전화하게 만들었느냐고
노모를 타박하는 딸년도
눈시울 뭉개져 아무 말 없는 노인네도

무던하다 생이 그렇다

겨울 지나 입춘 바람이 맵다
살던 집 둘러보는 노구의 굽어진 그림자를
휘청 담벼락이 받아준다

거기가 요양하는 곳이라면 얼마나 좋으랴만
당신도, 나도 우리도 다 안다

대합실 같은 곳, 대기소 같은 곳

그러나 다행이다
더 요양할 삶이 남아 있지 않다
아무튼 나는
손수 가꾸어 가지런히 다듬어서 주시는 부추와
생도라지와 달래나물을 다시는 못 얻어먹겠구나 싶어서
눈앞이 자꾸 흐려지기도 하였다

빈자일촉

어둠이 마을을 가득 채우면 산자락에 안긴 작은 들판 저 끝에 불빛 하나가 희미하게 빛난다. 거기를 여기 사람들은 부처모퉁이라고 부른다. 마을 앞에 큰 도로가 나기 전 산자락의 한끝 길모퉁이에 커다란 바위가 있고 그 바위에 불상이 새겨져 있었기 때문이다. 바위에 돋을새김된 불상임엔 틀림없으나 다 뭉개져서 코도 입고 귀도 그 형상이 뚜렷하지 않다. 그래서 도로를 뚫을 때 없애버리려고도 했다고 한다. 그런데 반대하는 이들이 있었고 그래서 몇 조각으로 바위를 나누어 지금의 자리에 장비를 동원하여 옮기고 다시 맞추어놓았다고 들었다. 게다가 부처바위를 보호하기 위한 보호각까지 세워놓았다. 궁금하여 몇 차례 가보았으나 누가 여기를 찾을까 하는 의구심만 들 뿐이었다. 그러나 내가 갔을 때마다 불상 앞엔 누군가 초에 불을 밝혀놓았고 밤이면 멀리서도 그 불빛이 보였다. 아마 일 년 내내 그 불이 꺼진 적이 없지 싶다. 금불상도 동불상도 아니고 멀쩡한 형상을 가진 불상도 아닌 불상에 한 자루 촛불을 밝히고 불공을 드리는 이는 누구일까? 불경의 빈자일등(貧者一燈)이 떠오르고 성경의 두 렙돈의 헌금을 넣는 가난한 과부 이야기가 떠오른다. 어쩌다가 술을 마시고 동네 진입로를 걸어 들어오면서 그 불빛을 오래 바라볼 때가 있다.

범실에서 닭 치기

닭을 키워보기로 했다. 새벽이면 멀리서 가까이서 간간이 들려오는 닭 울음소리도 낭만적이고 유정란도 먹을 수 있으니 그 얼마나 좋으냐. 시골 살면서 그게 뭐 어렵겠냐. 집 뒤 대밭에 닭장을 지었다. 몇 마리 암탉을 사고 수탉 한 마리를 구해다가 닭을 기르기 시작했다 고향 동네에서 정미소를 하는 친구에게 좁쌀을 사고 시중에서 파는 사료에 섞여 먹였다. 풀도 베어다가 수시로 넣어주었다. 처음엔 잘 나가는가 싶었다.

문제가 생기기 시작했다. 수탉이 시도 때도 없이 운다. 남들 다 자는 깊은 밤에도 울고 낮에도 울고 새벽에 울고 어느 때고 울었다. 먼 데서 들려오는 닭 울음소리는 음악 같았으나 내 집 뒷마당에서 울어대는 수탉 울음소리는 참기 어려운 소음이었다. 내가 기르는 수탉에 정신적으로(?) 문제가 있나 싶어 그 닭을 후배에게 주고 멀리 장수까지 가서 토종닭이라 하는 다른 수탉을 구해왔다. 그래도 마찬가지였다. 수탉은 새벽에만 우는 게 아니었다. 시골 농가들은 방음이 잘 되지 않아 닭 울음소리도 소음이 될 수 있다. 몸은 피곤한데 깊이 잠들지 못하는 것처럼 짜증나는 일도 없잖은가? 이웃에 피해를 줄 수 있으니 수탉은 기르지 말자는 아내의 성화에 못 이겨 다시 교체하고, 다시 교체하고. 다섯 마리 수탉을 교체한 뒤 그놈마저 후배에게 주고 암탉만 기르기로 했다. 유정란을 포기한 것이다.

또 한 가지 문제는 쥐였다. 닭장 위치가 하필 대밭이라는 게 잘못되었다. 집 짓고 사는 동안 집 주위에 쥐를 본 적이 없었는데 대밭에 있는 닭장에 닭 먹이를 주니 들쥐들이 먼저 알고 와서 닭에게 준 사료를 다 먹어 치우는 것이었다. 쥐가 먹고 또 참새 떼가 철망 사이를 드나들며 다 먹었다. 닭 모이를 아무리 많이 주어도 닭에게 돌아가는 것은 얼마 되지 않는 것 같았다. 믿어지지 않겠지만 심지어는 쥐가, 한밤중에 병아리가 잠든 사이에 잡아먹기도 하였다. 닭은 아무나 치나? 닭 치며 살기가 얼마나 힘든지 실감했다. 닭 농사 1년 만에 접었다.

성탄제 무렵

눈이 쌓여 오랫동안 녹지 않는다. 온 산과 들판이 눈에 덮여 세상은 순백의 눈 세상이 되었다. 눈은 세상의 굴곡과 색깔만 지워버린 것이 아니다. 소리까지도 삼켜버려서 눈 쌓인 산골은 고즈넉하기 그지없다. 마을을 찾는 차도 드물고 오고 가는 사람도 드물어서 바닷속처럼 고요하다.

눈이 많이 쌓인 날 새벽이면 나는 골목 위아래 할머니들 댁 앞에 눈을 치우는 것으로 하루를 시작한다. 집들이 경사면에 의지하고 있어서 대문을 나서면 바로 미끄러운 길로 이어지기 때문에 노인들께는 위험할 수가 있다. 땀이 송글송글 맺히도록 순천댁 앞도 쓸고 언덕 위의 꽃할머니 댁도, 보살님 댁 앞도 쓸고 그리고 마지막 마을 회관으로 이어지는 길을 쓴다. 평소 할머니들께 받은 사랑을 조금이라도 갚으려는 것뿐이다. 그런 의미를 부여하지 않더라도 이 동네에서 내가 가장 젊다. 어르신들은 젊은 내외가 들어와 산다고 많은 사랑을 주셨다. 식혜를 고았다고 가져다가 주시고, 채소를 한 바구니 가져다가 주시고, 고구마를 거두었다고 한 봉지 우리 집 현관문에다가 걸어놓고 가시고, 표고버섯을 땄다고 한 봉지 가져다주신다.

눈이 많이 쌓이는 즈음에는 들짐승과 새들이 인가 가까이 찾아든다. 배가 고픈지 꿩들도 마을 앞 들판까지 내려오고, 가끔 멧돼지 무리가 동네 가까이까지 내려오기도 한다. 고라니가 안마당까지 발자국을 남겨놓았다. 여기저기 헤친 자국이 역력하다. 직박구리와 물까치는 떼로 몰려와서 감나무에 남은 까치밥을 쪼느라 정신이 없다. 참새, 박새와 곤줄박이도 눈이 쌓이지 않은 곳에 앉아 부지런히 먹이를 찾는다. 내가 큰 항아리 뚜껑에 좁쌀과 땅콩 부스러기를 부족하지 않게 놓아주곤 한다. 으레 내가 먹이를 놓아주기를 기다리기까지 한다.

겨울나무들이 잎을 다 떨구고 가지에는 잎 대신 눈을 얹고 고요한 묵상에 잠겨 있다. 내가 사는 지리산 어름에는 유난히 산수유나무가 많다. 우리집 대밭에도 몇 그루 자라고 있다. 새하얀 눈 속에 빨간 열매를 달고 있다. 김종길 시인의 「성탄제」라는 시가 생각난다. 어린 시절 아버지가 눈 속을 헤치고 고열에 시달리는 나를 위해 산수유를 따오셨던 기억을 떠올리며 쓴 작품. 애처로운 눈빛으로 나를 지키고 계시던 할머니도 돌아가시고 눈 속을 헤치고 산수유를 구해 오셨던 아버지도 이제는 안 계시고 따뜻했던 옛것들이 사라진 삭막한 도회지에서 그 사랑을 그리는 내용의 시다. 시인은 아버지가 눈 속을 헤치고 산수유 열매를 구해 오셨던 그 밤을 성탄제 무렵으로 그려내고 있다. 아닐 수도 있는데 굳이 성탄제 무렵으로 생각하는 것은 그 애틋한 사랑 때문일 것이다. 예수가 이 세상에 베푼 크나큰 사랑과 내게 생명을 주시고 그 생명을 지키기 위해 눈 쌓인 밤길을 마다하지 않으신 아버지의 사랑이 다르지 않았다고 믿는 것이다. 예수께서는 믿음과 소망과 사랑 가운데 그중에 제일은 사랑이라 하셨다.

사람은, 사람의 일생은 누구를 혹은 무엇을 얼마나 어떻게 사랑했느냐에 따라 규정지어지고 평가되는 것은 아닐까? 겨울이 깊어가고 한 해가 저물어가는 즈음, 낯선 고을 범실에 눈이 많이 내린 날 나는 누구를, 무엇을 얼마나 어떻게 사랑했는지 돌아본다.

범실에 살어리랏다

쾌적한 환경이 다 갖추어진다면야 시골살이도 살 만할 것이다. 전원 생활이라는 말 속에는 여유로움, 풍요로움, 낭만적 분위기 등이 포함되어 있다. 그러나 살아보니 여러 가지 조건이 맞아야 이 말도 쓸 수 있는 것 아닌가 하는 생각이 든다. 그래서 나는 시골 생활이라는 말을 쓴다. 나의 시골 생활은 많은 불편함을 감수하면서 이루어진다. 아주 작은 규모의 마을에 살다 보니 시에서 하는 생활 쓰레기 수거도 일주일에 한번 이루어지고 음식물 쓰레기 처리 차량은 아예 오지 않는다. 아마도 농촌 마을 대부분은 그러하지 싶다. 하수 처리도 개인 집에 매립된 정화조를 통해 이루어진다. 도처에 논이 있고 웅덩이가 있고 개울이 있어 모기와 같은 해충도 많다. 대중교통의 불편함은 말할 것도 없다. 어쩌자고 이런 마을을 택해서 집을 짓고 들어와 살게 되었나, 후회할 때도 많았다.

이사 온 지 20년이 되어가니 마을 어르신들이 많이 돌아가셨다. 이사 온 지 몇 해까지는 마을에 공동 울력이 있을 때면 제법 많은 주민이 낫과 갈퀴를 가지고 나와서 풀을 베고 마을길을 정리하곤 했다. 나는 직장에 지참 결재를 얻고 마을 울력에 나가 일을 하고 늦게 출근하곤 했다. 이제는 주민이 적어 마을 공동 울력은 일꾼을 사서 한다. 그나마 자주 하지 않으니 누군가 버리고 간 쓰레기는 곳곳에 보이고 마을 길은 칡덩굴이 침범하고 풀이 우거지곤 한다. 마을 인구가 많거나 도심에 살면 이런 문제들은 좀 해소될 텐데 사정이 그러하니 다들 불편함을 안고 각자 해결하며 살아갈 수밖에 없다.

시골살이에 나는 쉴 틈이 없다. 집 뒤에 대밭이 있어 대나무가 집 가까이 침범하지 못하게 봄에 죽순이 나올 때면 죽순을 잘라 없애주어야 한다. 뒷마당을 파고드는 대나무 뿌리를 파서 차단해야 한다. 잠시만 돌보지 않아도 마당과 집 주변에 잡초가 우거진다. 여기저기 심어진 나무도 가지를 잘라주고 거름도 주어야 한다. 화초 가꾸기를 좋아하여 꽃을 심고 풀을 뽑고 물을 준다. 서너 평 텃밭은 또 어떤가, 땅 파고 심고 거름 주고 물 주고 벌레 잡아주고 지지대 세워주지 않으면 안 된다. 어디 그뿐인가? 쓰레기 분리 수거에 음식물 쓰레기 처리, 집 안팎 청소며 일일이 열거하기 힘들다.

나에게 가만히 못 앉아 있는 성격이라고 한다. 그 말에 절반쯤만 동의한다. 그 말은 가만히 못 앉아 있게 만드는 환경에 산다는 말이기도 하기 때문이다. 내가 하지 않으면 이 시골살이를 누가 해준단 말인가? 사람 사는 꼴을 갖추고 살자면 하지 않을 수 없는 일들이다. 나는 보람이라는 말을 좋아하고 중요하게 여긴다. 아무리 해야 하는 일들이라고 하지만 보람이 없다면 못 할 것이다. 이곳에서 살기 전에는 엔진 예초기와 엔진톱을 다루고 고치고, 장작을 패고, 막힌 하수구를 뚫고…… 이런 일들을 꿈에도 생각 못 했다. 이제 웬만하면 생활에 필요한 것은 다 내 손으로 해결하며 산다. 해야 할 일이 있으면 몸을 아끼지 않고 해낸다. 그러면 어느새 내가 이 일을 했구나 하는 뿌듯함, 보람을 얻는다. 그게 커서가 아니다. 텃밭에서 내가 가꾼 오이 하나에도 보람을 얻는다. 뜰에 핀 꽃 한 송이도 내 손길이 닿아서 핀 것이어서 더욱 아름답고 소중하다.

때론 힘들고 귀찮고 때론 위험한 일도 없지 않다. 부주

의로 손가락을 크게 베이고 허리를 다친 적도 있다. 그러나 그러함에도 내가 몸을 움직여 할 수 있는 일이 있다는 것이 감사하고 또 내가 움직여 일함으로써 가족이 안락함을 누릴 수 있음에 보람을 얻는다. 이제 이 시골살이에 최적화되어 이곳을 떠나 살라 하면 더 힘들 것 같다.

오늘도 장마에 우거진 텃밭에 풀을 정리하고 시내에 나가 고장 난 예초기 고쳐다가 마당의 잔디를 깎고 나니 오전이 다 갔다. 속옷 겉옷 다 땀에 젖었다. 이렇게 몸을 써서 일할 날이 앞으로 얼마나 될까 생각하니 이 수고로움마저도 다만 감사할 따름이다.

범실의 겨울나기

사십 중반을 넘어서면서 아파트 생활을 접고 시골 작은 마을에 집을 지었다. 열 가구 남짓 될까? 실제 거주 인구는 스무 명이 안 되는 곳이었다. 어릴 적 시골 생활을 했던 지라 시골에 살면서 이왕이면 현대문명과는 조금은 거리를 두고 사는 방법을 도모했다. 구들방을 한 칸 만들고 땔나무를 구해 난방을 하기로 하였다. 간벌 업자에게 참나무 원목을 한 트럭 구했다. 엔진톱을 사용하여 내가 손수 자르고 도끼로 장작을 패서 군불을 때어 난방을 하였다. 낭만으로 보일지 모르나 말처럼 쉬운 일은 아니었다.

시골 생활이 그런 것이었다. 많은 불편을 감수해야 했다. 상수도가 들어오지 않아 지하수 관정을 파서 펌프로 물을 길어 올려 식수와 생활용수로 써야 했다. 겨울이면 펌프가 얼어 터져 사람을 불러 기계를 고치거나 교체해야 했다. 몇 해 지나면서 사람을 부르지 않고 내가 직접 부품을 사다가 교체하거나 고치기도 했다. 시골 생활의 어려움은 겨울에 더 크게 느껴진다. 집을 지으면서 벽을 황토 벽돌로 쌓았더니 이게 마르면서 틈이 생겨 겨울 찬바람이 드나든다. 어쩌랴. 밀가루 풀을 쑤어 신문지를 찢어 넣고 짓이겨 종이 찰흙을 만들어 일일이 벽틈을 메꾸었다. 마당에 몇 그루 화초를 심어놓은 것도 겨울엔 얼지 않게 볏짚을 구해다가 싸주어야 한다. 돈을 들인다고 다 해결되는 것이 아니다. 몸을 움직여 내가 내 생활을 꾸리지 않으면 안 된다.

작은 산간 마을에 눈이 오면 그야말로 더 없는 풍경이 펼쳐진다. 그러나 현실은 그렇지 못하다. 당장 집 앞 골목 눈을 치워야 하는데 마을에 젊은이가 없다. 내 집 앞 골목은 저 위 산길로 이어지는데 그 길목에는 할머니가 두 분 홀로 사신다. 늘 마을 회관에 나가시는데 눈을 치울 이가 없으니 내가 그 두 분 댁 마당까지 눈을 치워 길을 내야 한다. 그것도 한두 해지 해가 거듭되니 눈이 좀 덜 왔으면 싶을 때도 있다.

언덕 위엔 우리가 꽃할머니라고 부르는 할머니가 사셨

다. 눈을 쓸면서 그 댁 마당에 들어서면 토방 위에 돌아가신 할아버지 흰 고무신이 정갈하게 닦여 놓여 있다. 돌아가신 지 몇 해가 지났는데도 아직 그렇게 놓여 있다. 남편 신발 그렇게 두면 든든했을까? 아니면 그 흰 고무신 신고 꿈결에라도 찾아오기를 그렸을까? "…(전략)…주인 없는 신발을 닦는,/신을 일 없는 신발을 놓아두는 저 마음 헤아릴 수 있다면/바위를 깎아 석가탑을 세우는 일을 알 수 있으리//작은 쪽배 같은 신발 한 켤레로/이생과 후생이 이웃 같은 시간이 이렇게 있네", 그때의 심정을 이렇게 시로 쓴 적도 있다.

이젠 시골 생활에 최적화되었다. 아궁이에 군불을 때는 시간은 흔히들 말하는 '불멍'을 즐기는 시간이 되었다. 남은 잿불에 고구마를 구워 아내에게 잃었던 점수를 만회하는 기회로 삼기도 한다. 이 산간에도 상수도가 들어온 지 오래다. 그런데 전처럼 눈이 많이 내리지 않는다. 요양병원에 가신 꽃할머니는 올겨울을 넘기실지 모른다. 눈이 많이 내려서 할머니댁 마당까지 눈을 쓸고 안부를 살피는 날이 왔으면 좋겠다. 참나무 원목을 자르면서 불평을 쏟아내던 그 시간으로 돌아가고 싶다. 그러나 시간이 앞서 끌고 내닫는 이 길엔 퇴로가 없다.

죽은 쥐를 선물 받다

동네에 길고양이가 많다. 우리 집을 자기 영역으로 삼은 몇 마리가 주위에 산다. 길고양이를 위해 나는 일부러 먹이를 주진 않는다. 시도 때도 없이 마당 여기저기에 똥을 싸대서 나에게 짜증을 내게도 하지만 꼭 그 탓만은 아니다. 집에서 고양이를 기르는 둘째 아이가 친정에 올 때 가져다가 나에게 떠맡기는 간식 정도를 주지만 시골의 길고양이에게 먹이를 주는 데 크게 동의하지 않는다. 그 야생성을 잃지 않게 하여 스스로 살아가게 하는 데에 도움을 주지 않는다고 생각하기 때문이다.

지난겨울은 추워도 너무 추웠다. 영하 15도 추위에 동네 개울이나 농수로도 다 얼었다. 길고양이들이 와서 마당 돌확에 언 얼음을 핥는다. 추위에 먹을 게 없어 굶어 죽는 경우보다 물을 먹지 못해 죽는 경우가 많다는 말이 생각나 날마다 그릇에 미지근한 물을 부어주었다.

추위가 좀 누그러진 어느 날 아침 늘 오던 고양이 두 마리가 거실 밖 화단에 죽은 쥐 한 마리 앞에 놓고 나를 올려다본다. 고양이의 그런 행동이 '보은 행동'이라는 말을 처음 들었다. 처녀로부터 매일 밥을 얻어먹은 두꺼비가 지네에게 제물로 바쳐질 처녀를 구해주었다는 전설을 들어보았으나 고양이한테 죽은 쥐 선물을 받긴 내 살아서 처음이다. 그다음 어느 날은 두더지 한 마리를 놓고 간다. 물 몇 모금 보시했을 뿐으로 제게 가장 소중한 양식을 바치게 했다니 내 죄가 크다.

그렇다 해도 마당과 꽃밭, 텃밭 여기저기에 똥을 싸는 것은 감당하기 어렵다. 이제 내 안마당에 와서 똥 싸는 것을 그냥 냅둬야 하나?

고양이 똥 치우는 사람

저물어가는 1980년대 겨울 어느 날
쿠데타 정권 물러가라 외치며
시위대 꽁무니 따라가다가
전투경찰에 쫓기던 날
종로경찰서 담모퉁이에
취기에 객기에
보란 듯
오줌을 누다가 의경에게 걸려
손 모으고 빌었던 일 떠오른다
아득히 먼 시간 뒤에
요란하게 비린내 풍기며 고등어를 굽는 저녁
우리집 마당 귀퉁이에
보란 듯
똥 싸는 고양이
그때 내 모습 보는 것 같아서
하릴없이 나가 고양이 똥을 치운다

당호가 없다

사람들은, 집을 지었고 시를 쓰는 시인이고 하니 당호(堂號)를 하나 지어 붙이라 했다. 엊그제도 나를 만나러 온 모 문예지 편집장이 왜 당호 하나 붙여놓지 그랬느냐 물었다. 그때 생각나는 대로 했던 내 답이 이 글을 쓰게 만들었다.

처음엔 나도 내 소망을 담은 소박한 당호 하나 지어서 걸어놓자 생각은 하였다. 많은 옛 선비들이 그러했고 주위의 많은 사람들이 그렇게 하기도 하는 걸 보아왔다. 그러나 나는 하지 않기로 했다. 내걸고 싶은 알맞은 이름이 떠오르지 않기도 했고 '내가 뭐라고……' 하는 부끄러움이 있었다고나 할까? 물론 한 가지로 요약하기 어려운 다른 이런저런 이유가 없지 않다.

아호나 당호를 지어 가지고 있는 사람들이 참 많다. 스승이나 선배, 혹은 부모 친지들이 지어주기도 하고 스스로 짓기도 한다. 당호든 아호든 아름답고 맑고 향기롭지 아니한 것이 없다. 소망을 다짐을, 지향하는 바를 담아 짓는 것이겠다. 세상에는 아호나 당호나 그 이름에 값하는 향기로운 자취를 남긴 이들이 많다. 나는 아름다운 지향을 담아 지어놓고 내 삶이 그에 미치지 못하면 어쩌나 하는, 쉽게 말해 이름값 못하면 어쩌나 하는 생각을 하곤 했다. 세상엔 그런 사람도 없지 않고 이름과는 전혀 다른 삶을 사는 이들도 있다.

내 이름은 스무 살 많은 장형이 지었다고 한다. 근(根) 자는 돌림을 따랐고 효(孝) 자는 효도하라는 뜻을 담아 지었다고 했다. 내 이름의 연유를 알고 있는 나는 내 이름에 만족을 하지 못하며 살았다. 지금이야 이해하지 못하는 바는 아니로되 효와는 거리를 두고 살았던 장형이 자신도 못한 효도를 내게 맡겼다는 생각을 하면서 자랐기 때문이다. 다 부질없는 얘기다.

본래 언어(이름)과 그것이 가리키는 것과는 필연적인 관계가 없다. 사과를 돌(기표)이라 불러도 사과는 사과(기의)다. 다만 자의적 관계일 뿐이다. 효근이라 불리는 나는 불효자라고 불려야 마땅한 자식이었으니 이름이 내 정체성을 말해주지는 못하였다. 이제 새로이 당호를 지어 훗날 그렇게 살지 못하였음을 회한으로 남기고 싶지 않은 이유도 없지 않았다.

부부가 사는 집이다. 부부의 일치된 소망을 담아 당호를 지을 수도 있겠으나 둘 다 독립된 인격체로 살아가는데 하나의 당호로 묶을 수 있겠나 싶다. 가부장적 사회에서 당호는 주로 남편의 의지가 반영되지 않았나 생각을 해보기도 한다.

나는 시를 쓰면서 살기로 한 사람이다. 어쩌다 시인이라는 호칭도 얻었다. 우리 사회에선 전통적으로 시인이라는 이름에 많은 의미를 부여해왔다. 사람들은 시인이라면 마땅히 이러이러해야 한다는 기대를 한다. 그 이름을 가졌으면 그 이름에 값하는 삶을 살려고 노력하기도 할 것이다. 그러나 난 이름에 갇혀 살 자신이 없었는지도 모른다. 집에 그럴싸한 당호를 써 붙이고 그 기대를 감당하며 살 자신이 없었겠다. 한편 요즘은 시인은 단순히 기능을 가진 사람 정도의 의미로 통한다. 그래서 시인입네 하는 겉치레를 하고 싶지 않다는 생각도 했지 싶다.

당호를 지어 붙이고 그에 맞는 향기로운 자취를 남긴 많은 조상, 선배들이 많다. 지금도 그런 사람들이 많을 것이다. 그분들의 그러했음을 폄훼하지 않는다. 오해할까 봐 변명을 이렇게 남기기로 한다. 나도 아름답고 맑고 향기로운 삶을 살고자 하는 의지가 왜 없겠는가? 나는 당호가 없는 것이 아니다. 내 당호는 매일 수없이 바뀐다. 벽에, 문설주에 달지 않았을 뿐 내 마음 벽엔 수많은 당호가 있다.

꽃할머니

범실에 집을 지어 막 이사를 했을 땐 마당이 비어 있었다. 장차 나무를 심고 화초도 심을 생각이었지만 10년 전에 집 지을 부지를 마련했을 때 심어놓았던 목련과 매화 몇 그루만 마당 가에 서 있을 뿐이었다.

맞은편 언덕 하늘색 양철 지붕 집에 사시는 할머니가 지나가다 새 집이 궁금하셨는지 들르셨다. 마당을 둘러보더니 꽃 좋아하느냐 물어보신다. 좋아하다마다요 대답했다. 냉큼 댁으로 올라가시더니 마리골드 몇 포기를 뽑아다가 주신다. 마당 가에 심었다.

그 이튿날 아침이 되어 마당에 나가보니 누군가 마당 가에 이런저런 화초를 여러 포기 심어놓으셨다. 할머니가 분명하다. 할머니 댁 조그만 마당엔 채소보다 화초가 더 많았다. 그렇게 우리 마당에도 꽃이 살기 시작했다.

어느 날엔가는 할머니가 자신의 마당에 자라는 튤립을 주시겠다며 삽으로 흙째 퍼서 구근을 비닐봉지에 담아 오셨다. 펼쳐보니 깊이 뿌리 내린 튤립 구근이 삽날에 잘려 많이 손상되어 있었다. 작은 체구에 노쇠한 몸으로 삽질을 하였으니 삽날이 깊이 들어가지 못하고 튤립 구근을 중간에 잘라버린 것이다. 그것도 모르고 할머니는 그걸 무겁게 들고 오셨다.

나는 그것을 골라서 심고 가꾸어 몇 해가 지난 지금 마당에는 여기저기 튤립이 피어난다. 택호가 있음에도 할머니를 우리는 꽃할머니라 부른다.

내가 이사 와서 몇 해 있다가 오래 자리보전을 하시던 할아버지는 돌아가셨다. 혼자 사시는 할머니가 마을 회관에라도 가시자면 언덕길을 내려와야 해서 눈이 내린 이른 아침이면 나는 할머니 댁의 토방 댓돌까지 눈길을 쓸어놓곤 했다. 마루 아래 댓돌에는 돌아가신 지 오래되었는데도 할아버지 흰 고무신이 정갈하게 닦여 가지런히 놓여 있었다.

나도 어느 날 복과 장수를 뜻하는 복수초 몇 포기를 할머니 마당 가에 심어주고 왔으나 꽃할머니는 그걸 모른다. 지금은 요양병원에 계신다.

흰 고무신에 대한 소고

윗집 죽산댁 할머니
댓돌 위에 눈부시게 닦아놓은 남자 흰 고무신 한 켤레

영감님 쓰러져 신발 한번 신어보지 못한 몇 년 동안도
가신 지 3년이 지난 오늘도
늘 그 자리

바람이 신어보는 신발
가끔 눈발이나 신어보는 그것에
무슨 먼지와 흙이 얼마나 묻었다고

마루를 내려서기도 힘든 노구를 움직여
없는 남편 신발을 닦아 당신 신발 곁에 놓으시네

저 신발 신고
꿈결에 오셨을라나
후생의 먼 길을 걷고나 계실라나

주인 없는 신발을 닦는,
신을 일 없는 신발을 놓아두는 저 마음 헤아릴 수 있다면
바위를 깎아 석가탑을 세우는 일을 알 수 있으리

작은 쪽배 같은 신발 한 켤레로
이생과 후생이 이웃 같은 시간이 이렇게 있네

복수초가 필 무렵

아침 햇살이 넉넉하게 퍼지기 시작하면 마당 앞에 면해 있는 골목길에 따닥따닥 지팡이 소리가 들려온다. 소리가 작고 아주 느린 박자가 꽃할머니 죽산댁, 그보다 조금 빠른 박자가 앞집 노보살님, 그리고 그 소리에 힘이 있고 중간 빠르기가 순천댁 할머니 지팡이 소리다. 이제 소리만 들어도 어느 분인지 알 것도 같다. 내 집 앞 20여 미터를 지나는데도 한참이나 걸린다. 마을 회관에 가시는 거다. 하나같이 다리가 불편하시거나 허리가 심하게 굽으셔서 지팡이를 의지하지 않고서는 걷기조차 어렵다. 회관에 가실 때에는 각자 가시는데 오후에 댁으로 돌아가실 때에는 함께 나란히 걸어오신다. 또각또각 또각또각 아스팔트 바닥에 지팡이 닿는 소리가 느리게느리게 가락을 이루어 들려온다.

밤에는 보일러를 틀고 혹은 전기장판 위에서 주무신다고 하지만 낮 시간 동안이라도 난방비도 줄일 겸 동무들이 계시는 회관에 모여서 지내신다. 조금 더 젊은 여자 이장님과 저쪽 골목에 네 분 할머니 합치면 여덟 분이 앉아도 계시고 누워도 계시고 노닥노닥 그렇게 시간을 보내는 게 일이다. 여름에는 함께 채소도 다듬으며 소일하시는데 겨울에는 얼마나 심심하실까?

나는 퇴근하여 집에 오자면 마을 회관 앞을 지나야 한다. 마찬가지로 마을을 나서자면 다시 마을 회관을 지나지 않을 수 없다. 당신들의 안부가 사뭇 궁금하다. 몇 분이나 모이셨는지, 혹 누가 아파서 못 나오시지는 않으셨는지, 방이나 따뜻한지 간식거리라도 있는지 늘 궁금해하다가 오늘은 회관에 나가보기로 했다. 이 마을에 이사 온 뒤로 지난해 겨울까지는 난방비에 보태시라고 이장님을 통해 조그만 성의를 전했는데 올해는 그렇게 하지 않았다.

시내에 가서 어르신들의 몇 가지 간식거리와 과일을 샀다. 마침 딸아이가 방학이라 집에 와 있어서 함께 회관에 갔다. 어르신 네 분이 누워 계시다가 반갑게 맞아주신다.

"복 선생님, 또 뭐 할라고 이렇게 뭘 많이 사가지고 오신

댜? 번번이…… 아이구, 딸내미가 엄마 닮아서 이쁘기도 해라. 나중에 커서 아빠 닮아서 효도헐 거시여!" 반가워서 어쩔 줄 모르신다. 혼자서도 올 수 있는 것을 굳이 딸아이를 데리고 온 것이 마음에 걸린다. 무슨 대단한 일이나 된다고 마치 딸아이에게 은근히 과시하려는 의도로 보이지는 않을까 부끄러웠다. 하지만 딸아이도 여기 계신 이 어르신들도 모른다. 내 속마음을.

내가 살던 고향 동네 마을 회관에 나가셨던 어머니가 요실금이 심해져서 기저귀 바꿀 때를 놓치면 악취가 났던 모양이다. 워낙 깔끔한 분이셨기 때문에 한 번도 그런 사태를 의심해본 적이 없었다. 마을 회관 같은 방에서 지내시던 몇 분 노인들께서 어머니를 피하셨던 모양이다. 요즘 말로 하면 어머니는 왕따를 당하셨던 게다. 같이 계시던 어르신들께도 미안하고 어머니께도 드릴 말씀이 없었다. 그 사실을 안 뒤로 노인병원에 모셨다. 몇 개월 뒤에 어머니는 세상을 뜨셨다. 어르신들을 볼 때마다 어머니가 생각난다. 그걸 때마다 홀로 되신 노인들이 눈에 밟힌다. 마을 회관을 찾은 것은 어쩌면 속죄하고픈 나의 이기적인 마음 때문이다. 살아 계실 때 어머니께 못해드린 것 조금이나마 죄를 갚기 위해 그런 것. 어찌 이 어르신들이 아실까.

효도라니요! 부끄러워 얼굴을 들지 못하겠다.

"복 선생님, 다음엔 이런 거 사 오지 말고 그냥 와요. 먹을 것은 높은 양반들이 저번에도 사 왔어. 와서 악수도 하고 사진도 찍고 가고……." 무슨 뜻인지 짐작이 간다. 머지않아 선거가 있다. 늘 그러겠지, 외로운 어르신들을 내 부모님으로 여기고 자주 찾아뵙고 드실 것도 챙겨드리고, 사진도 찍어드리느라 그러셨겠지 생각하기로 한다.

봄이 서서히 다가온다. 집 마당 입구에 심어둔 '복수초'가 가장 먼저 꽃을 피웠다. 복과 장수를 뜻하는 꽃이라고 한다. 회관에서 집으로 돌아가시던 세 분 할머니들이 발걸음을 멈추고 활짝 열린 노란 꽃잎을 보고 탄성을 지르신다. "아이구, 꽃이 곱기도 해라! 인자 봄인갑네." 할머니들이 꽃처럼 곱다.

꽃받침

동네 첫 집 마당 가에 놓인 평상
한쪽으로 기울어
한쪽 다리에 받쳐놓은 돌멩이 하나가 가까스로 균형을 잡고
있다
경로당 냅두고 할머니들 거기 모여 노는데
평상의, 아니
노구들의 안위가 늘 걱정이 되었으나
그렇게 아무짝에도 쓸모없는 돌멩이 하나가
노인들의 일상을 받치기도 한다
어느 날은 할머니 한 분
틀니를 빼고 거기 앉아 있다가
나를 보자 화들짝
손으로 입부터 가리는 것이었는데
틀니 하나가
할머니를 여자로 받쳐주고 있었던 것
기울어진 서가를 받치고 있는 건
겹친 화투장 서너 장

부용화 그 큰 꽃도 꽃에 가려 보이지도 않던
작은 꽃받침 하나가 감당하고 있던 것을 꽃이 지고서야 보았다
있을 땐 있는 줄도 모르는 것들이
세상을, 세상의 균형을 잡고 있는 것이었다
돌멩이의 구실이 다하자 평상과 함께 여름이 가고
틀니의 소임이 다하자 할머니는 산으로 가셨다
내 안에 돌멩이로 남아
오래토록 통화 한번 안 했던
그이 전화번호를 지울까 하다가 그만 남겨두기로 했다

연못 한 채를 짓다

집을 지을 때 쓰고 남은 조경석을 이용하여, 땅을 파고 작은 연못을 만들었다. 연못이라 하기엔 너무도 작은 그야말로 손바닥만 한 연못이다. 이 연못에는 간단하게 얘기할 수 없는 웃픈 사연이 있다.

연못을 굳이 만들게 된 데는 이유가 없지 않았다. 이곳 시골에 집을 짓기 전에 아파트에 살면서 수련 한 포기를 구해서 베란다에서 기른 적이 있다. 좁은 항아리에서 좀처럼 꽃을 피우지 않다가 딱 한 번 한 송이를 피운 적이 있었다. 넓은 연못에서 맘껏 꽃을 피우면 얼마나 좋을까 생각하던 차에 시골에 집을 짓게 된 것이다.

돌을 쌓기 전에 방수포를 깔아 물이 새어 나가지 않게 하였다. 달리 연못에 물을 공급할 수 있는 수원이 없어 뒷

마당의 빗물이 흘러 고이게 하거나 지하수 펌프를 이용하여 물을 채워주었다. 연못엔 수련을 심었다. 연못 가엔 수선화와 노루오줌을 심어 제법 연못꼴을 갖추었다. 수련이 피는 동안 나는 연못 가를 떠나지 못했다.

수련은 '연(蓮)' 자가 들어가지만 앞의 '수(睡)' 자는 '잠자다'라는 뜻을 가졌다. 연꽃과는 달리 피었다가도 한낮이 지나면 잠을 자듯 이튿날 아침까지 꽃잎을 오므린다. 한 사흘 곱게 피었던 꽃이 질 때면 꽃봉오리를 오므리고 수면 아래로 흔적을 감춰버린다. 자취를 남기지 않는 끝, 시든 제 꽃을 제가 장사지내고 가는 그 끝이 참 깨끗하다. 그 정갈한 생리에 꽃을 기다리며 꽃을 지켜보는 즐거움으로 여름을 건넜다.

집 지은 지, 그러니까 연못을 만든 지 15년 정도가 지나자 물이 연못 바닥 어디론가 빠져나가 버려 물을 자주 대주지 않으면 연못이 말라버린다. 물을 자주 채워주어야 했다. 어쩔 수 없이 장비와 인부를 동원하여 연못을 해체하고 다시 쌓았다. 그러나 인부들은 내가 제시한 방법을 무시하고 자신들의 방식을 고집했고 그 결과 연못에 물을 채움과 동시에 물이 빠져버려 연못 구실을 못 하게 되었다. 전보다 오히려 더 사정이 나빠진 것이다.

나는 손수 연못의 흙을 퍼내고 돌 틈에 시멘트 모르타르를 채워 보강 공사를 하였다. 그러나 결과는 크게 다르지 않았다. 그러저럭 한 해를 보내고 안 되겠다 싶어 다시 연못 흙을 비워내고 더 야무지게 틈을 메우고 방수액을 바르고 완벽에 가까운 공사를 하였다.

공사를 다 마치고 다시 수련을 심고 이번에는 금붕어도 몇 마리 넣었다. 금붕어가 헤엄치는 연못은 그것이 없을 때보다 훨씬 생동감이 돈다. 그런데 웬걸 다시 물이 어디론가 빠져나가 수위가 낮아진다. 전보다 좀 덜할 뿐 물이 어디론가 조금씩 새어 나가는 것이다. 괜히 전문가가 있는 것이 아닌 모양이다. 여기까지다.

손바닥만 한 마당에, 그러니까 개 발바닥에 편자를 박듯 애초에 어울리지 않은 일을 벌였던 것이다. 사치는 아무나 하는 게 아니다.

그러나 내게 연못은 덕진연못과 겨루어 그 값이 조금도 모자라지 않다. 내 수고로운 땀이 섞이고 노심초사로 돌보아 꽃을 본다. 다른 누가 가꾸고 피워놓은 꽃이 아니라 내가 피운 꽃이어서 오늘 핀 수련 한 송이는 저 너른 덕진연못의 수천 송이 꽃에 값하는 것이다.

제 2 부

닮아서 빛나는 어떤 생

어머니의 노래

돌아가시기 전 몇 달간 어머니는 요양원에 계셨다. 형제자매 누구도 모실 상황이 되지 않았기 때문이다. 맞벌이였던 우리도 마찬가지였다. 연휴이거나 주말이 되면 우리집에 모셔서 하루 이틀 주무시게 하고 다시 모셔다드리곤 했다.

어느 날엔가 잠자리에 드실 무렵, 앉아 계시던 어머니가 '흘러간 옛노래'를 부르기 시작했다. "홍도오야 우지 마라……, 버들니잎 외로오운 이정표 밑에 말을 매는……, 백마아강 다알바암에……" 90세 노인이 곡조야 어떻든 가사 하나 틀리지 않고 누가 시키지도 않은 노래를 그렇게 몇 곡을 연이어 혼자 부르시는 것이었다.

내 어려서 어머니는 일을 하시다가 혼자 가끔 노래를 불렀다. 흔히 말하던 '흘러간 옛노래'였다. 축음기 하나 없던 그 시절에 어디서 그 노래들을 익히셨을까? 어린 나도 따라 부를 만큼이었으니 자주 부르셨던 것 같다. 가끔은 술을 드시고 폭력을 행사하는 아버지, 가난한 농부의 아내로 해야 하는 갖은 집안일, 여섯 자식 걱정에 노래 부를 마음의 여유가 없었을 터인데도 그렇게 가끔 혼자서 흥얼거리며 노래를 하시곤 하였다.

그 엄한 아버지가 돌아가시고 얼마나 지났을까? 우리 가족사 처음이자 마지막으로 제주도로 온 가족이 여행을 갔다. 그때 대절 버스에서 어머니가 비교적 최신 가요를 부른 적이 있다. "사랑으은 얄미운 나빈가 봐……." 어머니가 참으로 오랜만에 노래를 불렀다. 그 신산한 세월 다 건너고 남편도 가시고 종착역이 멀지 않았다 하는 역설적인 안도감이었을까, 온 가족이 한자리에 모였으니 이쯤이면 됐다 싶었을까? 그 뒤로는 오랫동안 한 번도 어머니의 노래를 들은 기억이 없다.

흥이 나서 그랬을 리는 만무하고 왜 어머니는 그날 노래를 부르셨을까? 이제 당신이 가실 날은 스스로도 가늠하기 어렵지 않았을 터여서 두려우셨을까, 외로우셨을까? 왜 갑자기 노래를 부르느냐 여쭙지 않았다. 못했다.

나도 가끔 노래를 흥얼거리는데 그때 어머니가 부르던 그 노래가 나도 모르게 나온다. 오늘도오오 걷는다아마는 정처 없느은 이 바알길……

어머니의 마지막 농담

어머니는 돌아가시기 전 며칠을 중환자실에 계셨다. 노쇠하셔서 이제 4, 5일 후면 돌아가실 거라는 의사의 진단이 내려졌다. 아무것도 드시지 못하고 말씀도 안 하시고 눈을 감고 누워만 계셨다. 몹시 입이 마르는지 자주 물을 달라고만 하셨다. 돌아가시기 하루 전쯤 나는 하마 저승길 어디쯤을 가고 계실 거라는 생각으로 의식이 어떠하신지 궁금하여 어머니 귀에 대고 "엄마 지금 어디 가?" 하고 여쭈었다. 한 말씀도 안 하시던 어머니가 "(가긴) 어딜 가? 장례식장에 가야지."라고, 기운이 없어 목소리가 작긴 하지만 또렷하게 말씀을 하신다. 어머니는 돌아가실 때까지 의식이 또렷했다. 말씀은 하지 않으셨지만 귀로는 다 듣고 계셨고 당신의 죽음이 임박했다는 것도 정확하게

인지하고 계셨던 것이다.

차라리 정신이 혼미한 상태이거나 의식이 없으면 모르되 임박한 자신의 죽음을 인지한 상태에서는 이루 말로 표현할 수 없는 두려움과 공포에 휩싸일 수밖에 없을 것이다. 그런데 세상에, 농담이라니! 그건 분명 사실을 표현한, 두려움과 공포, 애착과 미련의 감정을 완전히 소거하고 사실만을 표현한 말이었음과 동시에, 죽음이라는 말이 가지는 엄청난 무게감을 줄여서 대수롭지 않은 사건으로 표현한 농담이다. 어머니는 살아 계실 때에도 우스갯소리를 잘하셨다. 한참을 생각해야 진의를 알아채게 되는 문학적인 비유가 담긴 농담도 곧잘 하셨다. 그렇다고 당신의 임종을 앞두고 농담이라니…….

그 말씀 뒤로는 어떤 당부나 유훈이거나 그 어떤 유언도 없이 가셨다. 정말 장례식장에 가셨다. 당시엔 어머니를 보내드려야 하는 엄청난 슬픔을 가눌 수 없었으나 오랜 시간이 흐르고 난 이즈음 그 말씀의 의미를 새롭게 풀어본다. 그러기가 쉽지 않은데, 어머니는 죽음을 때가 되면 밥 먹고 잠자듯이 당연하고 자연스러운 것으로 조용히 받아들였으며 지켜보는 가족에게도 그런 메시지를 전하고 계셨던 듯하다. '아무것도 아니야, 누구에게나 오는 것이고 언젠가는 오기 마련이야. 야단법석 떨 일이 아니야.' 부처님이 열반에 드시고 슬피 우는 제자를 위하여 관 밖으로 발을 내밀어 보이신 것이 삶과 죽음에 대한 그 어떤 가르침이었다면, 어머니의 농담 같은 그 말씀 또한 내게도 언젠가 찾아올 죽음에 대한 화두로 다가오는 것이었다.

임종 전에 의사는 어머니께 연명을 위한 조치를 할 것인지 내게 물었다. 말씀하실 수는 없지만 어머니 당신은 원치 않을 것이라는 걸 나는 안다. 제시간에 장례식장에 도착하시도록 정중하게 거절하였다.

어머니의 젖은 바지를 빨면서

첫새벽의 미명 속에서 바스락대는 소리 들려온다. 조심스럽게 무엇을 뒤지는 소리 같기도 하고 구겨진 한지를 곱게 펴는 소리 같기도 하다. 누구에게 들키지 않게 가만가만 움직이는 소리, 소리로만 보면 잔잔한 음악 같지만 소리에 냄새가 섞여 있다. 아주 역한 냄새다.

기저귀가 흠씬 젖은 모양이다. 벽을 바라보고 쭈그리고 앉아 혼자 기저귀를 가신다. 어둠 속에서도 혹여 누가 볼세라. 몸에 밴 습관으로 벽을 향해 돌아앉으신 모습이다. 아버지가 나를 만드실 나이의 아버지가 된 자식에게 부끄러웠을까, 화장실까지 갈 기력이 없었을 것이다. 그만한 겨를도 없었으리라. 쭈그리고 앉아 몸을 가누기도 힘든 듯 애써 누른 신음이 가느다랗게 새어 나온다. 그 뒷모습이, 그 소리가 서럽도록 쓸쓸하다.

어머니의 야윈 엉덩이를 본다. 관능이 떠나버린 한 여자의 엉덩이를 비로소 희미한 그림자로 만난다. 여자의 엉덩이가 성소라는 것을, 생명의 본향이라는 것을 아무 잡스러운 생각 없이 받아들이는 순간이다. 바람이라도 불면 훅 꺼져버릴 것 같다. 풍만해서가 아니라 마른 나뭇가지처럼 뼈만 앙상해서 비로소 어머니를 온전하게 본다. 내가 거기서 왔다.

저 엉덩이가 나를 낳았다. 내 위로 일곱을 낳았다. 그 엉덩이를 팬티형 기저귀로 감싼다. 나에게 기저귀를 둘러주시던 때로부터 거의 50년 가까이 되었을 터이다. 곱게곱게 나에게 지저귀를 채워주시던 그 모습을 그려본다. 이제 쪼그리고 앉아 아이에게 그러하듯이 당신에게 기저귀를 두른다. 이제 당신이 아기가 된 것이다. 아기처럼 조그맣다. 내게 어머니가 그러하셨듯이 이제는 아기가 된 스스로에게 기저귀를 둘러주는 것이다.

저 손, 한 차례 퇴행성 관절염이 지나가면서 마디마디 관절을 분질러놓은 저 손, 엄지손가락이 관절에 붙어 있지 아니하고 따로 노는 탓에 물건을 힘 있게 집을 수도 없는 저 손, 거기에 류머티즘 관절염이 겹쳐 온몸의 관절을

문드러지게 해놓은 터에 늘그막에 요실금이 찾아와 이제 아기처럼 기저귀를 찬다. 차야 한다.

어머니 홀로 사시던 내 고향 동네 쉼터에 가끔 '마실' 나가실 때마다 동네 아주머니들이 냄새 난다고 어머니를 자꾸 피하셨던 모양이다. 급기야 어머니 모셔가라고 누군가가 기별을 해서야 우리 자식들은 그 심각함을 알았다. 한사코 혼자 사시겠다고, 그게 편하다고 고집하셔서 그런 줄만 알았다. 자식들에게 짐이 되기 싫었던 것이다. 그 어머니 속을 자식은 몰랐다. 내가 그런 사람이다. 그러면서도 아이들 가르치고 시를 쓰며 달게 밥 먹고 술 마시며 산다.

땡볕에 남의 밭일 해주고 받은 어머니의 품삯으로 나는 내 젊음을 건너왔다. 밭을 매시는 어머니의 낡은 황톳빛 '런닝구'엔 땀이 말라 허옇게 소금기가 맺혔다. 나는 어머니 등에 구운 소금 닷 되를 빚졌다. 어머니 가신 다음 나는 내 눈물 열 말을 말려야 그 소금을 갚을 수나 있을지 모른다. 어머니의 그림자 진 뒷모습을 보면서 통한의 가슴을 친다.

어둠 속에서 어머니는 자꾸 팬티형 기저귀의 접착 부분을 놓친다. 서두를수록 몰입의 손길이 자꾸 빗나간다. 다가가서 기저귀를 둘러드리고도 싶으나 나 그저 모른 체한다. 어머니의 자존심에 아직 나의 갑작스러운 행동을 받아들일 준비가 안 되었을 것이다. 조만간 다른 누군가의 손길을 빌려 기저귀도 갈지 싶다. 그때가 언제일지는 몰라도 유예된 그 시간이 고마울 따름이다.

그러나 어머니는 다시 바쁘다. 입고 주무시던 바지까지 젖은 모양이다. 힘겹게 몸을 굴려 허둥지둥 바지를 갈아입으시더니 둘둘 만 젖은 기저귀와 함께 젖은 바지를 가지고 욕실로 가신다. 그러나 그뿐, 그다음은 당신의 기력으론 어쩔 수 없다. 다시 자리로 돌아와 힘겹게 몸을 누이신다. 잠이 드셨을까? 꿈은 꾸실까? 아이가 되는 꿈을 꾸셨으면 좋겠다. 아예 아이가 되셨으면 좋겠다. 다음 생엔 그럴 수 있을까?

욕실 한구석에 가져다 놓은 어머니의 젖은 바지를 빤다. 이 아침엔 아직 잠에서 깨지 않은 아내에게도 양보하고 싶지 않다. 저 세탁기에 맡기고 싶지도 않다. 알량한 효심을 과시하고자 한다고 누가 혹여 비웃더라도 감수하겠다. 오랫동안 약을 드셔서 그런지 냄새가 역하기 그지없다. 이 냄새가 향기로 느껴질 때까지 내가 어머니의 젖은 바지를 빨 수만 있다면 행복하리라.

빨랫비누를 칠하고 빨래판에 주물주물 그 옛날 어머니가 하던 방식대로 어머니 바지를 빤다. 50년 굽이굽이 속 썩인 내 불효도 함께 문질러 빤다. 한 차례 내 스스로의 얄팍한 자기위안일지도 모른다. 그 위선까지 함께 빤다.

당신

가시기 며칠 전
풀어 헤쳐진 환자복 사이로 어머니 빈 젖 보았습니다

그 빈 젖 가만히 만져보았습니다
지그시 내려다보시던 그 눈빛
당신을 보았습니다

그처럼 처연하고
그처럼 아름다웁게
고개 숙인 꽃봉오리를 본 적이 없습니다

야훼와
부처가 그 안에 있었으니

이생에서도
다음 생에도 내가 다시 매달려 젖 물고 싶은 당신

내게 신은

당신 하나로 넘쳐납니다

세상에서 가장 아름다운 손

이다음에 어머니가 돌아가시면 오랜 육탈 후에 나는 어머니의 손가락뼈 하나를 가지고 싶었다. 관절염으로 손가락 마디마디가 어긋나 굳어버린 어머니의 손가락.

어릴 적 등이 가렵다고 하면 어머니는 내 등에 손을 넣어 쓰다듬어주었다. 긁지 않고 쓰다듬어주었다. 손바닥은 짚으로 짠 가마니처럼 꺼끌꺼끌했다. 겨울이면 손끝이 갈라져 갈라진 틈에 들기름을 바르고 호롱불에 지졌던 기억이 선연하다. 민간요법으로 얼마나 효험이 있는지는 모르나 그렇게 손끝의 감각을 마비시켜버린 모양이다. 어머니의 손톱은 밭일에 논일에 부엌일에 빨래에 들일에 산일에 우리 일에 남의 일에 흙일에 물일에 닳아서 깎지 않아도 끝이 몽그라져 있다. 그 손톱은 곰발톱처럼 부풀어 굳어 있어서 어쩌다가 손톱을 한번 다듬을라치면 손톱깎이의 작은 아귀에 손톱 끝이 들어가지 않아 할머니가 쓰시던 무쇠가위로 다듬었다.

가지가지 우환 속에서 끼니를 걱정해야 하는 가난한 농가에서 여덟을 낳아 여섯을 기른 손이다. 그 손에 관절염이 박혀서 손가락 마디가 비틀삐뚤 어긋나고 부어올라 좀처럼 아프단 말을 안 하던 당신도 그제서야 아프단다. 자식들 몰래 보건소에 다녔단다. 자식들 걱정할까 봐……. 뒤늦게 자식들이 한약 몇 제 해드렸다. 관절염 전문이라는 남양당 약을 몇 제 드시고 나았단다. 다 나았다는 그 손이 아직도 부어 있는데도 하나도 안 아프단다. 다 나았단다. 아직도 그 손으로 텃밭을 가꾸고 식혜를 고고 추어탕을 끓이고 김치를 담가놓고 주말이면 자식을 부르신다.

언젠가 나 어렸을 적 어머니를 따라 산에 나무를 간 적이 있었다. 너덜너덜한 목장갑을 낀 어머니 손엔 낫이 들려 있었는데 삭정이를 거두어 안으며 그때 당신은 묻지도 않은 말을 했다. “나는 이 낫으로 아직꺼정 어린 나무는 한 번도 찍어보들 않았다. 다 어린 느그들 생각혀서여.” 어쩌면 그 말이 나를 시인으로 만들었을지도 모른다고 생각했다.

또 한번은 동네 애들끼리 남원 시내 구경 갔던 적이 있었다. 돌아오는 길에 마당재 너머 팍팍한 20리 길을 걸어오다가 누군가의 제안으로 수박밭에 가서 애어린 수박을 딴 적이 있었다. 그것이 동네에 알려진 모양이었다. 어머니의 손에 처음으로 회초리가 들려 있었다. 그 회초리를 든 손이 나를 선생으로 만들었는지도 모른다.

갈수록 어머니는 주름투성이가 된다. 번데기가 되어가나 보다. 커만 보이던 어머니는 내 큰딸보다 작다. 언제 더 작아져 고치집 속으로 들어가버릴지 모른다. 그러면 어머니는 정말 나비가 되어 날아가버릴지도 모른다.

아이들 학교 숙제라고 둘러댔다. 어머니 그 손을 10분간만 빌리자고 했다. 곰 발바닥 같은 그 손에 오일을 바르고 석회를 반죽하여 거푸집을 떴다. 그 본에 다시 석회를 반죽하여 부어 넣고 굳은 다음 거푸집을 깨냈다. 서투른 솜씨에 손가락 부분이 잘리긴 했으나 삐뚤삐뚤 손가락 마디가 그대로 찍힌 주름투성이 어머니의 손 모양이 완성되었다. 부러진 부분은 접착제로 붙일 것이다. 어머니는 별짓을 다 한다고 궁시렁대신다.

내가 나비가 되어 날아갈 때까지 나는 관절염으로 뒤틀어진 어머니의 손을 가장 아름다운 손으로 기억할 것이다. 아직도 나에게는 먼 길이 남아 있다. 당신이 내 곁에 없을 먼 훗날 나의 길이 힘들 때, 죄짓고 싶을 때 나는 이 손을 볼 것이다. 세상에서 가장 아름다운 손을.

뜬금없는 이야기

내 중학교 1, 2학년 때나 되었을까?

저녁을 먹고 나면 아이들 몇이 철수네 건넌방에서 모여 놀았다. 짓궂은 짓 많이 하던 시절이었다. 아마 여름방학이었을 것이다. 그날도 저녁을 먹고 철수네 집에 가니 철수 엄마가 문을 열고 한 양푼 삶은 옥수수를 놓고 가신다.

철수가 나에게 눈을 찡긋하였다. 철수는 소 먹일 꼴을 베어 오다가 춘동 할매네 밭을 지나며 옥수수 몇 개를 따서 꼴망태에 넣고 왔던 모양이다. 그러곤 옥수수 껍질을 잘 벗겨내고 부엌에 갖다 놓고는 "효근(나)이네 엄마가 저녁에 놀면서 먹으라며 주고 갔다"고 둘러댔단다. 그런 일이 있었다. 그리고 까마득히 잊고 살았다.

그리고 30년이 훨씬 지났다. 내 아이들이 그때 내 나이나 되었을 무렵 어머니가 갑자기 그 옛날 그 옥수수 얘길 꺼내셨던 것이다. 그 일을 기억하느냐 물으신다. 그날이 어렴풋이 기억난다. 가슴 두근거리며 옥수수를 먹었으니 오랜 세월 뒤에도 기억이 남아 있는 것 같다. 나는 어머니가 그때 그 일을 아실 거라고 꿈에도 생각하지 못했다. 그리고 그 일이 있은 뒤 다 자라 어른이 될 때까지 누구도 그 일에 대해 한번도 꺼낸 적이 없었기 때문이다.

"니 손으로 훔치지 않았어도 훔친 걸 먹었으면 먹은 사람도 도둑이여. 세상에 공짜는 없는 벱이다. 니가 먹은 옥수수 값으로 한나절 춘동 할매네 밭을 매주고 왔단다."

그때 철수 엄마가 우리에게 옥수수 삶아준 얘기를 엄마한테했던 모양이다. 그걸 안 엄마는 춘동 할매를 찾아가 이실직고했던 것이고, 춘동 할매는 한사코 철없는 아이들 짓이니 괜찮다고 해도 엄마는 기어코 극구 한나절 밭을 매주었다는 것이다. 자식 대신 벌을 서신 것이다.

훔친 그 옥수수 먹은 지 30년도 더 지난 어느 날 기억 속

어디에 감추어두었던지 어머니가 꺼내어 들려준 이야기다. 아이들의 아비이고 또 선생인 나에게 주시는 경책 같기도 하고 무슨 화두 같기도 하고…… 노인네 뜬금없는 기억으로 얼굴이 화끈 달아오른 그런 일이 있었다.

* 철수는 가명으로 붙인 이름.

고향 이야기 — 산과 더불어

내게 고향은 산부터 떠오른다. 눈을 뜨면 바라보이는, 바라볼 수밖에 없었던 그 산, '지리산'부터 말해야 되겠다. 그래. 그 산이 어디 보통 산인가? 남한에서는 한라산 다음으로 높은 산이며 백두대간의 마지막 대미를 장식하는 민족의 척추이며…… 몇 마디 언설로 설명되지 않은 거대한 물리적 공간이며 신화의 공간, 자연과 생명의 터전이며 역사서이며 지리학 서적이다.

그러나 그것은 다 자라서 철이 든 다음에 듣고 배워서 알게 된 것들이고 어릴 적 그것은 그냥 산이고, 그냥 지리산이었다. 어느 날은 제법 감청빛으로 선명하지만 대부분은 푸르스름한 이내에 덮여 신기루처럼 어슴푸레하게 누워 있는 크나큰 산덩어리.

고향집에서 보면 지리산 마고할미 전설이 얽혀 있는 노고단이 보였다. 노고단 그 한 지점을 향하여 길게 능선 하나가 시선을 이끌어준다. 그리고 노고단에 못 미쳐 시선이 먼저 닿는 곳에 만복대라는 봉우리가 있다. 백두에서 흘러온 산줄기가 저 지리산 끝 천왕봉을 향하여 달려가면서 거쳐가는 곳, 먼 곳에 있었다. 그 만복대를 노고단을, 지리산을 바라보며 자랐다.

철이 들고서야 그 산이 어떤 산인지 듣게 되고 또 수없이 오르내렸지만, 그래서 그 산을 떠나서는 살 수 없게 되어 지금은 그 산 아래 집을 짓고 산과 더불어 살고 있다. 어릴 적엔 산은 그냥 그렇게 '있는 것'이었다. '있어야 하는 것'이었고 우리 집 지붕이 당연히 있고 있어야 하는 것처럼 지리산은 그런 것이었다. 동물이 태어나 맨 처음 접한 대상을 어미로 여긴다는 각인설처럼 지리산은 학습되기 이전에 그 어떤 정서와 분위기, 느낌으로 내 안에 자리 잡고 있었다.

이제 이 산이 바라보이는 곳에 있어야 마음이 놓이고 발을 뻗고 잠을 이룰 수가 있다. 내가 도회지에 적응하지 못하고 돌아와야 했을 때, 돌아와서 안착해야 할 지점도 바로 그래서 지리산 아래였고 여러 차례 이사를 했지만 마지막 거처라고 생각하며 집을 지어 이사한 곳도 지리산 아래였다. 지리산은 좋다, 좋지 않다는 판단과 관계없이 나를 구성하는 외부 물질이거나 나를 숨 쉬게 하는 그 어떤 장치였다. 어머니 곁에서 어머니의 체취와 온기를 느끼며 평온을 찾는 아기와도 같이, 내가 나인 것을 느낀다.

그다음 또 산이다. 풍악산이다. 내가 태어난 집이 등지고 있는 커다란 산이다. 내가 태어난 고장의 행정구역 이름도 대산(大山)이다. 제법 큰 산이어서 붙여진 이름으로만 알았는데, 일제강점기에 행정구역이 개편되면서 '대곡방'과 '시라산방'이 합쳐지면서 글자 하나씩 따와서 지어진 이름이라고 한다. 우리 집을 그 품에 안고 있다. 내가 태어난 곳은 구한말 시라산방에 속해 있어서 나는 시라산(時羅山)의 시(時) 자를 시(詩) 자로 바꾸어, '시산인(詩山人)'이라는 어쭙잖은 아호—쓸 일은 별로 없어 잘 쓰고 있지는 않지만—로 삼은 적이 있다. 초등학교 때는 산에 안겨 있는 마애석불로 소풍을 갔으며 그 산 골짜기에서 가재를 잡으며 놀던 추억이 있다. 그 산을 바라볼 때 오른쪽 봉우리가 노적봉이다. 그 노적봉 아래 '깊은 골짜기'(짚으실, 심곡[深谷])가 내 어머니의 고향이다. 지금은 그 골짜기에 아버지 어머니가 누워 계신다.

풍악산은 내 피와 살이 되었다. 그 산 아래 들판에서 거두어들인 곡식과 그 산이 흘려 보내준 물로 살았기 때문이다. 산자락 아래 우리 밭이 있었다. '서산모퉁이', '말방천', '겨운들' 몇 뙈기 밭에서 어머니는 뼈가 휘도록 일을 했다. 그리고 나중엔 팔아 없앴지만 두어 마지기 우리 논이 있었다. '말방천', '진태거리', '청산뜰', '질무동', 아버지는 그 논에서 살이 닳도록 일을 했다. 그러나 늘 가난했다.

새마을운동이 시작되기 전 우리집은 초라한 초가집이었다. 문간채가 하나 더 있었고 헛간과 외양간이 붙은 뒷간이 따로 떨어져 있었다. 겨울이면 문풍지가 붕붕거리며 울었다. 방에 들여놓은 걸레는 땡땡하게 얼었다. 가난하였다. 가족 간에 사랑이 부족한 것은 아니었으나 결핍으로 인한 불화와 긴장도 결코 부족하지 않았다. 농림고등학교를 졸업한 만형 아래 세 남매가 초등학교 문턱을 넘었을 뿐이다. 차례로 모두 탈출하듯 고향을 벗어났다. 그리고 바로 내 위 누나가 고등학교를 갔을 뿐이고 내가 도망치듯 고향을 벗어나 대학을 아등바등 나왔다. 부자인 작은집이 한 동네 있어서 상대적 박탈감을 안고 살아야 했다.

아, 그리고 또 산, '교룡산'이다. 마을 앞 동쪽 교룡산이 있다. 교룡산을 우리 집에서 보았을 때 뾰족한 세 개의 봉우리가 크기와 각도가 비슷하게 기하학적인 조화를 이루어 서 있다. 남원 시내 쪽을 우뚝 가리고 서 있어 도회지와 단절감을 주는 산이다. 그러나 거기에서 해가 솟는다. 어릴 적에 자주 눈이 아팠다. 내 눈에 병이 생기면 해가 솟는 시각을 기다려 마루에 걸터앉는다. 나는 물그릇 하나를 가슴 높이에 받쳐들고 앉아 있다. 할머니는 주름진 손 안에 팥알을 몇 개 들고 있다가 감은 내 눈두덩을 어루만지며 무어라고 중얼거리다가 팥을 물 위에 떨어뜨린다. 물에 빠진 팥은 하나같이 작은 공기방울을 달고 있다. 할머니는, 그것 보라며 이제 눈병이 나을 거라고 했다. 그리고 병이 나았다. 그랬다. 교룡산에서 해가 솟았고 가난과 결핍과 박탈감에 아프고 눈이 어두워질 때마다 산과 산에서 솟는 해는 눈을 맑게 해주었다.

그리고 다시 또 산이다. '안산'이다. 마을 앞 너른 들판가에 야트막한 산이 하나 풍악산으로부터 삐죽이 나와 있다. 쌓아놓은 나무 땔감이 떨어지면 어머니는 해 질 무렵에라도 산엘 가야 했다. 죽은 나뭇가지나 청솔가지를 베어 머리에 이고 온다. 밤이 익을 무렵이면 밤송이가 달린

가지를 꺾어 나뭇짐에 꽂아 온다. 어린 나는 그 밤을 까 먹으며 마냥 좋았다. 어머니의 고통을 알 리가 없었다. 가을이면 안산 그늘에 가서 알밤을 주워다가 까 먹었다. 지금도 내가 가장 많이 꾸는 꿈은 밤을 줍는 꿈이다. 사뭇 높아 보였던 산이 지금 보면 동산만 하게 보인다. 많이 낮아졌다. 산이 낮아진 데에는 어머니와 나의 발길도 한몫했을 것이다.

풍악산은 제법 큰 산이어서 몇 줄기의 큰 물길이 골짜기를 따라 형성되어 있고 그중 한 줄기가 마을을 관통하여 흐른다. 온 들판을 적셔주는 젖줄이다. 그 맑은 물에서 놀던 어린 시절이 선연하다. 겨울이면 얼음을 깨고 어머니가 빨래를 하셨다. 그 물길이 한참을 흐르다가 다른 방향에서 흘러온 물줄기와 만나는 지점엔 제법 시내가 하천다운 꼴을 갖추고 넓은 모래가 하얗게 펼쳐진다. 이 하천이 더 자라서 섬진강이 된다. 내 등단 작품이 이 섬진강에서 나왔다.

"청동빛 저무는 강/돌을 던진다/들린다 강의 소리/어머니의 가슴에서 나는 소리가 그러했지/ 바위를 끌어안고/제 몫의 아픔만큼 깊어지는 강의 소리…(후략)…", 「새를 기다리며」라는 내 등단작엔 바위를 삼켜 모래를 빚어내는 강물을 노래했다. 내 어머니의 삶이다. 나는 거기에서 여름을, 내 소년기를 다 보냈다. 멱을 감고 물고기를 잡았다. 족대나 혹은 그냥 맨손으로도 나는 곧잘 물고기를 잡았다. 그 냇물은 흘러가 섬진강에 합류한다. 나는 아득히 냇물을 따라 강으로 흘러가는 꿈을 꾸기도 했을 것이다.

사십 후반에 내 살고 싶은 모양대로 내 형편에 맞춰 오두막을 지었다. 번거로움을 피하여 살겠노라고 한적한 시골을 찾았다. 그러나 내 고향 동네가 아니다. 고향 마을과는 15킬로미터 떨어져 있다. 어린 날에는 교룡산 쪽에서 해가 솟았는데 이제 교룡산 쪽으로 해가 진다. 멀리서만 바라보던 지리산, 그 초입에 터전을 마련한 것이다. 늘 그냥 내게 있어왔던 그 산의 품에 안겼다. 이 산과 더불어 사는 날까지는 살고 싶다.

내가 담배 끊은 사연 1

해안에서 군 생활을 하였다. 남해 창선도의 여튼개라는 해안에서 근무하다가 6개월 만에 경상남도 고성에 있는 중대본부로 옮겨 복무하게 되었다. 그것도 본부 요원의 특혜라고 생일이 되면 하룻밤 강제 외박이 주어지는데 나는 부모님이 계시는 고향집이 멀어 갈 수가 없었다.

집에는 가지 못해도 졸병 주제에 잠깐이나마 주어지는 해방감을 사양하는 것은 과도한 사치다. 가까운 삼천포 시내에 가서 술 한잔하고 늦게라도 귀대해야지 하는 생각으로 무작정 시내에 나갔다. 삼천포 바닷가에 있는 노산공원에 가서 어슬렁대다가 저녁이 되자 생맥주집엘 갔다. 마침 중년에 든 내외가 주인이었는데 내가 오늘 생일이어서 외박을 나왔다고 하자 그 아내분이 자기도 오늘이 생일이라면서 맥주를 공짜로 주었다. 이게 무슨 횡재냐 싶어 공짜술을 사양하지 않고 준 대로 마셨다. 그날 술에 취해 귀대하지 못하고 부듯가 어디 허름한 여관에서 떨어져 잠을 자게 되었다.

새벽녘에 갈증에 잠이 깨어보니 TV가 켜져 있고 화면에선 LA 올림픽 처음으로 정식 종목이 된 여자 마라톤 중계방송이 나오고 있었다. 난 습관대로 담배를 찾았다. 그 당시 군에서는 자신의 의지와는 관계없이 담배가 지급되었다. 물론 담배를 피우고 안 피우고는 자신의 의지가 작동할 순 있었지만 무료하고 때론 긴장감과 선배들에 대한 스트레스 때문에 안 피우던 사람도 피우게 되는 경우가 많았다. 나도 아침에 눈을 뜨자마자 '담배 일발 장전'을 하게 되었고 급기야는 하루 두 갑씩 피우게 될 정도에 이르렀다, 여관에서 잠을 깬 그 순간 난 담배를 찾았고 마침 담배는 떨어져 있었다. 나는 재떨이에서 내가 버린 꽁초를 골라내고 있었다.

그때 화면에선 서른아홉에 아이 둘을 둔 엄마 스위스 대표 가브리엘라 안데르센 쉬스가 마라톤 도중 열사병에 걸려 비틀거리는 몸을 끌고 스타디움을 돌고 있는 시간이었다. 왜인지는 잘 모르겠지만 나는 담배꽁초나 뒤지고 있는 추레한 나 자신이 부끄러워 눈물이 쏟아졌다. TV를 보면서 중계방송 내내 빰을 타고 눈물이 흘렀다.

쌩판 모르는 먼 나라 여자 때문에 그날로 담배를 끊었다.

내가 담배 끊은 사연 2

대학 2학년 마치고 군대에 갔다가 2년 4개월 후, 4월에 군에서 제대를 하니 복학 시기가 맞지 않아 이듬해 3월까지 무엇을 해야 할지 막막하였다. 집을 벗어나 달리 갈 데가 없어 고향집에 눌러앉아 시간을 보내야만 했다. 책을 보며 무언가를 끼적이며 시간을 죽이고 있는 동안 어머니는 연일 밭에 나가 일을 하셨다. 우리 밭일도 하시지만 남의 밭일도 하셨다. 품앗이라 하여 오늘은 내 일 내일은 네 일 서로 돌아가며 함께 일을 하는 것이다. 때론 품삯을 벌기 위해 남의 밭일도 하시곤 하셨다. 가난한 농촌에서는 현금을 만져보기가 좀처럼 어려웠기 때문이다. 그렇게 해서 어머니가 받아온 품삯을 얻어 쓰기도 했다.

두어 달 집에서 지내는 동안 두 살 위인 이웃집 선배와 어울리는 시간이 많았다. 밤이면 막걸리를 사다가 한잔씩 하곤 했다. 이때 군대에서 끊었던 담배를 한두 개씩 피우게 되었다. 물론 내가 담배를 사서 피우는 정도는 아니고 선배가 권하는 담배를 얻어 피울 정도였다. 내가 담배를 피우는 걸 모르셨던 어머니께서 아무 말씀도 하지 않으셨다.

어머니 뙤약볕에 나가 밭을 매시는데 늘 방에 처박혀 책이나 보는 것이 죄스러워 어느 날엔 나도 오늘은 어머니 따라 밭에 가서 일을 하겠노라 말씀을 드렸다. 느지막이 밭에 가보니 뒷집 할머니와 어머니가 함께 밭을 매고 계셨다. 나도 어머니가 가르쳐주시는 대로 밭을 매는데 볕은 뜨거워 땀은 나고 쭈그리고 앉아 호미로 풀을 긁자니 죽을 맛이었다.

이윽고 새참 때가 되니 어머니는 나에게 담배 한 갑을 내밀었다. 거북선, 오백 원짜리 고급 담배였다. 평소에 삼백 원짜리 한산도도 고급이었는데 오백 원짜리 담배라니! 그때는 어머니도 담배를 피우셨는데 몇십 원짜리 '학'이라는 이름의 봉초담배였다. 신문지를 조그맣게 오려서 그 위에 담뱃가루를 놓고 말아서 침을 발라 궐련을 만들어 피우는 최하급 담배였다. 게다가 개울물에 담가두었던 사이다 한 병을 나에게 내미는 것이 아닌가! 당신들을 위해 준비한 것은 미지근한 물 한 주전자가 전부였다.

뜨거운 그 무엇이 가슴을 치밀고 올라와 뽕나무밭을 돌아 저만큼 떨어진 곳에 가서 한참을 흐느껴 울었던 것으로 기억한다. 그날로 완전히 담배를 끊었다. 그때가 1984년도다. 어머니는 아시려나? 담배는 몸에 해롭다든가, 담배를 끊으라든가 한마디 말씀도 하지 않으시고 나에게 담배를 끊게 만든 분이 당신이라는 것을.

젊은 날 아내와 심하게 다툴 때면 울화를 달래느라 한두 대 피워보기도 하였으나 그럴 때마다 담배가 나를 거부했다. 너무 역겨워 담배를 가까이할 수가 없었다. 담배가 나를 끊은 셈이라고 해야 할까.

버팀목

마당 옆구리에 대추나무 하나를 심었다. 흔히들 그렇게 하듯이 나무를 심고는 버팀목을 세워주었다. 쓰러지지 않도록 그렇게 해주기도 하지만 새로 심은 나무가 흔들리면 뿌리가 흙에 활착하지 못하고 썩거나 말라버리는 경우가 있기 때문이다. 버팀목은 한때 살아 있는 나무였다. 살아서 쓸모를 다한 나무는 죽어서는 살아갈 나무의 버팀목이 되기도 한다. 그러다가 그 버팀목도 쓸모가 다 하면 썩어서 흙으로 돌아간다. 지금 살아 있고 살아갈 나무도 또 어느 날엔 다른 나무의 버팀목이 될지도 모를 일이다.

아버지 어머니는 노환으로 우리 곁을 떠나신 지 오래다. 평생 나와 불화했던 큰형님은 나와 함께 우리 형제 자매들과의 그 불화를 온전하게 해소하지 못하고 일찍 돌아가셨다. 작은형님은 어느 날 아침 운동을 나가셨다가 과속 차량에 교통사고로 운명을 달리하셨다. 이제 그분들은 다 내 곁에 계시지 않는다. 살아 계실 때 버팀목으로 나를 흔들리지 않게 해주고 길 잃을까 노심초사하셨던 그분들은 굴욕과 치욕과 잦은 절망 속에서 내가 누군가의 버팀목이 되라 타이르듯 가셔서도 내 곁에 있다.

나는 그림과 글씨에 뛰어나셨던 큰형님의 글씨 한 점을 당신 살아 계실 때 달라고 했다. 내 나름 화해를 요청하는 제스처였다. 형님과 나의 관계는 늘 데면데면했는데 그날은 형님도 선뜻 망설이지 않고 액자를 건네주셨다. '佛' 자였다. 내 방 책상 위 벽에 걸어놓았다. 굴곡이 많은 삶과 넉넉하지 못한 형편 때문에 형제들과 불화했을 것이다. 나도 등을 보이고 돌아서서 눈물을 훔쳤지만 가시고 나니 사무치는 그리움이 가슴에 남는다. 당신도 어떤 형태로든 내 마음에 서러운 버팀목으로 남아 있다.

나는 누군가에게 어떤 버팀목이 될 것인가 생각해본다.

버팀목에 대하여

태풍으로 쓰러진 나무를 고쳐 심고
각목으로 버팀목을 세웠습니다
산 나무가 죽은 나무에 기대어 섰습니다

그렇듯 얼마간 죽음에 빚진 채 삶은
싹이 트고 다시
잔뿌리를 내립니다.

꽃을 피우고 꽃잎 몇 개
뿌려주기도 하지만
버팀목은 이윽고 삭아 없어지고

큰바람이 불어와도 나무는 눕지 않습니다
이제는
사라진 것이 나무를 버티고 있기 때문입니다

내가 허위허위 길 가다가

만져보면 죽은 아버지가 버팀목으로 만져지고
사라진 이웃들도 만져집니다

언젠가 누군가의 버팀목이 되기 위하여
나는 싹을 틔우고 꽃 피우며
살아가는지도 모릅니다

닮아서 빛나는 어떤 생

내가 좋아하는 형님이 있다.

통상 '주사님'이라고도 불렀고 아이들은 아저씨라고 불렀다. 그보다 더 오래전에는 소사라고도 불렀다. 쉽게 말하면 학교에서 허드렛일을 하는 사람이었다. 학교 허드렛일을 기꺼이 하려는 사람이 드물어지고 하나둘 학교를 떠났다. 그런 자리에 오려고 하는 사람도 드물 때가 있었다.

아마 그분들이 정규직으로 전환되기 전 그 무렵이었을 것이다. 허드렛일을 온통 전담하던 데서 벗어나 몇 가지 업무로 한정되는 등 대우가 조금씩 나아지고 있을 때였다. 내가 근무하던 학교의 '주사님'이 이런저런 이유로 그만두었다. 그 자리가 한참 동안 비었을 때 지역 학부모의 소개로 중년을 넘긴 한 사내가 그 자리로 오게 되었다. 건강 문제로 귀향한 사뭇 나이가 드신 분이었다. 깡마른 체구에 나이에도 불구하고 부끄럼을 많이 타는 사람이었다. 교직원들이 모인 자리에서 인사를 하는데 그 인사말이 무척이나 인상적이었다. 이 학교에서 근무하게 되었다는 것을 매우 영광으로 여긴다고 했다. 근무를 시작하기 이틀 전엔 학교를 찾아와 여기저기 돌아보고 어떤 일부터 어떻게 해야 할지 생각하며 마음이 몹시 설레었다고 했다. 그이가 학교에 왔을 때만 해도 그 자리는 아직 비정규직이었고 이전보다 험한 업무가 좀 줄었을 뿐이었다. '영광'을 얘기하거나 '설렘'을 말하는 것은 그저 인사치레의 말일 것이라 생각했다. 그러면서 그가 덧붙인 말에서는 허세 같은 것이 느껴지기도 했다. "녹슬어 없어지는 것보다 닳아서 없어지는 삶을 살기로 했다."며 열심히 일하겠노라 한 것이다. 마치 선출직 공무원이 당선 소감으로 한 말 같았기 때문이다.

그러나 학교에서 근무하는 몇 년 동안 그는 말이 아니라 몸으로 보여주었다. 수많은 위인과 성인들의 이야기를 접해왔지만 이분만큼 자신의 일을 정성으로 하는 사람을 직접 본 것은 처음이었다. 그는 학교 구석구석을 반짝이게 만들었다. 누가 말하기 전에 말없이 일했다. 쉼 없이 일했고 웃으며 일했다. 말려도 소용없었다. 그러다가 한번은 큰 사건을 저지르고 말았다. 누십 년 낡은 학교 건물 창틀에 낀 먼지를 눈 뜨고 볼 수가 없다며 일이 층 창문 전체 수백 개를 뜯어낸 것이다. 누가 보아도 무모한 일이었다. 한 달 넘게 건물 전체의 창틀을 순차적으로 청소하고 물에 씻고 닦아 원위치하는 어마어마한 일을 하는 걸 보고 그가 분명 일에 미쳤거나 아니면 실제로 살짝 이상이 있는 사람인 줄 알았다.

쉴 사이 없이 화초밭에 풀을 뽑고 당신이 하지 않아도 되는 특별실 청소를 하고 화장실 변기를 닦았다. 아이들이 급격하게 줄어 전교생이 30여 명밖에 되지 않고 게다가 강당이 생긴 뒤로는 아이들이 운동장에 나가 놀지 않는다. 아이들이 없는 운동장은 밀림처럼 풀이 우거진다. 제초제를 쓰지 못하게 되어 있는 규정상 사람 손으로 풀을 제거해야 한다. 뙤약볕 속에서 그는 그 넓은 운동장을 관리하였다. 그의 정성 어린 손길이 닿지 않은 곳이 없었다. 일꾼을 사서 해야 할 일도 그는 혼자서 다 했다. 관리자와 교사들도 말리는 데 지쳐 지켜만 보아야 했다.

그러던 그가 팔꿈치 인대에 심한 손상이 와서 결국은 일을 그만두었다. 치료 기간 휴가를 쓸 수도 있었으나 폐가 된다며 몇 년 만에 학교를 떠났다. 당장 그를 볼 수 없다는 아쉬움에 젊은 교사 몇이서 모임을 만들었다. 교사들이 학교 기능직을 존경하여 모임을 만들어 수년 동안 함께 해오고 있는 예는 많지 않을 것이다. 그 이름이 '하사모', '하선생님을 사랑하는 모임'이다. 매월 한 번 모여 그분과 식사를 하고 정담을 나눈다. 그러던 어느 날 그분이 학교 일에 그렇게 정성을 쏟은 이유를 듣게 되었다.

그 어렵던 시절 상급학교에 진학을 하지 못하고 상경하여 우체부가 되었단다. 책가방 대신 우편낭을 졌다. 도시락 두 개를 싸서 우편가방에 넣고 이른 아침부터 저녁까지 서울 골목골목을 누비며 살았다. 힘든 일상 속에서도 배움에 목이 말라 스스로 공부를 하기도 하였다. 시간이 지나 일터에서 중요한 직급에 올랐으나 후배 직원과 상급자 사이에 매개하고 중재해야 하는 위치에서 과도하게 주어지는 책임과 스트레스를 이겨내지 못하겠더란다. 그 때문에 위장에 병을 얻어 아내의 고향으로 귀촌을 하게 되었다. 무엇을 해야 할까 궁리하던 차에 가까운 중학교 일자리가 있으니 한번 해보라는 지인의 권유가 있자 진짜 선생님이나 된 듯이 기뻤단다. 그에게 학교는 꿈의 공간이었다. 그러나 이제 학생이 되어 배울 수는 없다. 또한 그렇다고 교사가 되어 가르칠 수는 없는 입장이지만 다만 그들을 위해서 일할 수 있다는 것으로 기뻤다고 했다. 종교적 수행으로 생각하고 학교를 수행처로 삼았다고 했다. 나는 교사 생활을 하면서 만났던 그 어떤 동료나 관리자들보다 그이에게 배운 바가 크다.

'녹슬어 사라지는 대신 닳아서 없어지겠노라' 했던 그는 요즘 더욱 야위었다. 그러나 그 맑은 웃음과 눈빛에는 성자들의 초상에서나 볼 수 있는 평화로움이 있다. 위엄이 있다. 그런 분을 '형님' 하고 부를 때면 나도 사뭇 조신해진다.

꽃단지

마당 여기저기를 둘러보며 꽃을 하나씩 따 모은다. 동네 농로에 나가 철 따라 피는 들꽃도 몇 송이 따 온다. 돌을 파서 만든 작은 그릇에 물을 채우고 꽃잎을 띄운다. 여행을 가면 숙소 입구에 환영 꽃단지가 놓여 있는 것처럼 나도 그렇게 해보는 것이다. 딸아이가 집에 온다 하면 며칠 전부터 맘이 설렌다. 지상에 와서 만난 가장 아름답고 소중한 인연, 두 아이를 위한 나만의 작은 환영의 표현이다. 꼭 아이들이 아니더라도 손님이 방문한다 하면 가끔 이 작은 돌 그릇에 꽃을 띄운다.

여기저기 둘러보며 꽃을 보면 되는 것이지 굳이 생짜로 꽃송이를 따서 그렇게까지 할 필요가 있느냐는 의견이 있을 수 있다는 생각을 못 하는 것은 아니다. 매화, 능소화,

영춘화…… 때로는 시절에 따라 떨어진 꽃잎을 주워서 띄워놓는 경우도 많다. 아무튼 꽃에게 미안하고 고맙다는 생각은 잊지 않는다.

이렇게 손님맞이 의식을 치르고 나면 누군가 소중한 그 사람이 오기 전부터, 가고 난 후에도 만남은 꽃으로 기억된다.

아무도 오지 않는 날에도 나는 이 작은 돌 그릇에 몇 개 꽃송이를 띄운다. 여기 나와 아내가 있잖은가? 두 사람을 위해 꽃단지를 만드는 시간이 있다.

제 3 부

시 앞에서 탄식하다

목련꽃을 위한 변명

딸아이 둘을 낳고 길렀다. 첫째는 아내가 병을 얻은 채 결혼을 하여 바로 아이를 가지지 못하고 기다렸다가 얻은 아이다. 그런대로 잘 자라주었다. 아이가 중학교에 들어갔을 무렵인가, 아내가 나에게 귀띔을 했다. 아이가 초경을 맞았노라고.

아, 초경! 이제 더 이상 아이가 아니고 가임의 신체적 조건을 갖추고 비로소 어른으로 커가는구나, 하는 생각에 고맙고 대견하였다. 축복할 일이다. 하나의 여성으로 완성되어가는 징후 아닌가? 그만큼 스스로에 대한 책임감도 더 커가겠지. 우리 부부는 아이를 축복하고 기념해주기로 했다. 아내는 나에게 아이 속옷 선물을 해주는 게 어떻겠느냐 하여. 그 뜻을 아는지라 우리는 아이에게 예쁜 속옷을 선물했다.

드러내놓고 우리 아이가 초경을 맞았네 하며 떠벌일 일은 아니로되 그렇다고 무슨 죄 지은 것처럼 터부시할 일은 아닌 것이다. 한 인간의 일생 가운데 크게 경이로운 일이며 축복할 일임은 분명하다. 그 무렵 아이의 모습은 딸을 둔 세상의 많은 아빠에게 그렇듯이 세상의 그 어떤 꽃보다 곱고 아름다웠다.

물론 그 이전부터 그러했지만 아이는 더 조신했다. 샤워를 할 때는 문을 걸어 잠그고 아빠가 가까이하는 것도 경계했다. 하지만 그런 모습도 사랑스러웠다. 민들레꽃도 씨앗을 맺고는 그것을 멀리 날려 보내지 않던가? 부모에게서 멀어져야 옳다. 이 시에서 마지막 행의 "하냥 눈부신/ 저……" 이 대목에서 '저……'는 삶의 여정에서 미구에 독립되어 걸어야 하는 아이의 인생길과 아비인 나의 길이 나뉘게 되는 운명적인 거리감에서 비롯된 표현이다. 김소월의 「산유화」에서 "저만치"에 해당하는 심미적이고 심리적인 거리감의 표현인 것이다.

앞가슴이 봉긋해진 것도 같다. 봄에 찬란하게 눈부신 흰 목련이 부푸는 것처럼 저 아이의 앞가슴에도 새하얀 꿈이 부풀어 오르겠지. 그래, 미래는 너의 것이다. 순백의 꿈을 마음껏 펼쳐라. 이 대목에서 목련꽃이 비유적인 시어로 차용되었다.

그 무렵 이 시를 썼다. 그때가 내 다섯 번째 시집이 나올 무렵이었다. 나는 이 시를 표제작으로 하고 시집의 제목을 이 시의 제목으로 하고자 하였다. 이 시에는 아이의 실명이 나오기 때문에 아이에게 동의를 구하는 일이 남아 있었다. 아이에게 말했더니 잠시 머뭇거렸지만, 딸을 둔 아빠의 축복의 마음을 담았음을 곧 이해하고 아이는 고개를 끄덕이며 허락을 하였다. 그렇게 해서 다섯 번째 시집『목련꽃 브라자』가 나온 것이다.

오랜 시간이 지났다. 어떤 과정을 거쳐 그렇게 되었는지 기억이 선명하지 않지만 이 시가 지하철역에 게시되었다. 더러 지인들이 슬라이딩 도어에 게시된 이 시를 사진으로 찍어서 전송해주기도 하였다. 그 가운데는 내 딸아이도 포함된다. 서울에서 대학을 다니던 아이는 늘 이용하는 지하철역에서 이 시를 본다는 것이다. 그렇게 우리 가족 모두는 담담하게 이 시를 우리 가족의 조그만 기념으로 간직하고 있었다.

그런데 모 일간지에서 이 시를 선정적인 시로 보도한 일이 있었다. SNS를 이용하는 네티즌들이 그렇게 평가한다는 어조로 기사는 정리되어 있었으나 그 기사를 쓴 기자의 논조도 다르지 않았다. 논점은 두 가지였다. 선정적이라는 점, 그리고 공공장소에 게시할 시로서 적절하지 않다는 것이다.

얼마나 시간이 지났을까? 이번에는 이름도 낯선 모 일간지가 같은 내용을 그대로 베껴서 보도했다. 이번에는 '페티시적인 성적 취향' 운운하면서 이 시를 음란한 시로 평가하는 논조였다. 물론 이번에도 네티즌들의 평가가 그렇다는 식으로 기자는 한 발짝 물러서서 말하고 있는 듯하였다.

'브라자'라는 단어에서 그것이 감싸는 신체의 일부분인 가슴을 떠올리고 그것도 모자라 성적인 이미지나 행위를 떠올리는 비문학적 상상력을 이 시에다가 들이대고 있음이 분명하였다. 그게 상식이고 대부분의 일반인들은 그렇다고 할지 모른다. 그것을 '의식의 자동화'라고 한다. 고정관념이나 제도화된 의식, 고착화된 상식으로 세상을 바라본다는 뜻이다. 문학은 그것을 깨뜨리고 새로운 가치와 현상의 이면에 감추어진 비의를 찾도록 하는 데 의미가 있다. 더구나 이 시의 문면에 어느 구석도 성적인 상상을 자극하는 표현이 없다. 자동화된 의식에서 비롯된 부박한 해석이 이상한 오해를 불러온 것뿐이다. 적어도 안식이 있는 기자라면 그런 그릇된 시각을 바로잡는 기사를 써야 옳지 않을까?

또 한참의 시간이 지났다. 이번에는 모 텔레비전 뉴스에서 지하철 슬라이딩 도어에 실려 있는 일부 시 작품이 선정적이거나 왜곡된 의식을 반영하고 있다고, 이를 교체한다는 소식을 방영한 적이 있다. 앞에서 신문기사에서 보았던 내용과 크게 다르지 않았다. 온전한 의미 그대로, 제대로 시를 해석한 건전한 시민의 시각은 전혀 반영되지 않은 보도였다. 가슴을 쥐어뜯고 싶었다. 우리 언론의 수준이 그러한 천박하고 왜곡된 시각으로 문학(시)을 바라보는 일부 독자의 수준에서 한 치도 나을 게 없구나 싶었기 때문이다. 이 시를 선정적이라 말하는 사람들에게 묻고 싶다. 딸아이나 가족의 브라자나 속옷을 보거나 또는 그런 단어만 보아도 성적인 충동이 솟구치는가? 달을 보라고 손가락으로 달을 가리키니 손가락만을 쳐다보고 있는 듯하여 안타까웠다.

과거 오랜 시간 우리 사회를 지배해왔던 유교적인 윤리의식이 이 시를 편협하게 바라보게 한 것이라는 지적도 없지 않다. 사회의 통념에서 비롯되었다는 의견에 어느 정도는 동의한다. 성에 대한 편견과 선입견과 왜곡된 의식이 사회 저변에 깔려 있어 이러한 시각이 전혀 예상 밖의 해석을 낳았다는 설명이다. 그러나 깊이 있는 안목으로 이들을 이끌어야 할 언론매체마저 덩달아 춤추는 모습에 크나큰 실망을 감출 수 없었다.

더욱 실망스럽고 절망적인 것은 인터넷판 기사에 달린 댓글이다. 많은 사람이 이 기사에 비판적인 견해를 보여주었으나 적지 않은 사람들이 이 시를 쓴 시인이 패륜적인 인물인 것처럼 욕설과 비난의 댓글을 달았다. 한동안 낯이 뜨거워 고개를 들 수 없었다. 몇몇 지인들이 전화를 통하여 위로하였으나 대중매체에 의한 린치 수준의 비난에 겉으론 웃으며 속으로 앓지 않을 수 없었다.

한 가지 더 문제 삼고 있는 것이 이른바 '공공장소'여서 이 시를 게시하기에 적절하지 않다는 것이다. 묻고 싶다. 밀로섬의 비너스 상이 전시된 공간이 어느 부호의 개인 응접실인가? 아름다움의 한 상징이라 하는 그 비너스상은 '브라자'도 없이 자칫하면 흘러내릴 수 있는 커다란 천으로 아랫도리만을 가린 모습으로 대형 박물관에 서 있다. 전 세계의 수많은 사람들이 비싼 항공료를 지불하고 그 조각상을 보러 간다.

이 시가 본격적인 성을 소재나 주제로 채택한 작품이 아닌 것은 분명하나 여성의 속옷이 거론되었으니 백번 양보하여 이 시가 성적인 담론 가까이에 있다고 하자. 성을 통하여 세상에 나오지 아니한 사람 있는가? 성은 반드시 더럽고 추악한 것인가? 성과 관련한 범죄적 행위가 사회를 어지럽힌다고 하나 문학작품 속에서 인간을 저 깊은 곳까지 그리고자 할 때 성에 대하여 궁구하고 논의하는 것마저 금기시해야 하는가? 문학작품에서 성은 문학의 자율성과 창작의 자유 차원에서 열려 있어야 한다고 믿는다.

목련꽃 브라자

목련꽃 목련꽃
예쁘단대도
시방
우리 선혜 앞가슴에 벙그는
목련 송이만 할까
고 가시내
내가 볼까 봐 기겁을 해도
빨랫줄에 널린 니 브라자 보면
내 다 알지
목련꽃 두 송이처럼이나
눈부신
하냥 눈부신
저……

고구마 굽는 남자

초겨울, 늦은 저녁을 먹고 둘은 마당에 나갔다. 하늘에 별이 보석을 흩뿌려놓은 듯 반짝이고 있었다. 서로의 등을 기대고 서서 별들을 보았다. 그때 내가 바라보는 하늘 쪽에 길게 유성 하나가 흘렀다. “야, 별똥별이다.” 외쳤지만 아내는 별똥별을 보지 못했다고 한다. 한참을 기다렸으나 결국 별똥별을 찾지 못했다. 더 기다려보자고 하자 아내는 말한다. “당신이 보았으니 본 거나 다름없어.” 무심코 아내는 그 말을 했겠으나 차게 식은 별똥별이 내 가슴을 스치고 지나간 듯 시리고 아프고 저려왔다.

젊은 날 나는 시를 쓰네, 교육운동을 합네, 야생화를 찾아다니네 하면서 동인 모임이니 토론회니 집회니 회의니 하면서 퍽이나 돌아댕겼다. 문학 행사나 문예지 근방을 기웃거리며 마음에 내키지도 않은 일을 맡았고 가식적인 몸짓을 해야만 하기도 했다. 더러는 비슷한 명목을 붙여 해외까지 나다녔다. 그동안에 아이들은 어른이 되어 멀리 떨어져 산다. 가끔 아내가 하고 싶어 하는 것을 내가 만류하거나 반대할 때면 아내는 "자기는 하고 싶은 것 다 하고 살았으면서……" 하고 말끝을 흐릴 때가 있다. 시골 생활을 한 번도 해보지 않은 아내를 데리고 지리산 아래 조그만 시골 마을로 이사를 온 것도 그렇다.

그랬다. 돌아보면 하고 싶은 것 하면서 살아왔다. 아내는 하고 싶은 많은 것을 끊임없이 유보하거나 포기하며 내 공백을 메우며 살아온 것이다. 그리고 내가 별똥별을 본 것이 마치 자기가 본 것처럼, 혹은 내가 들꽃을 보고 오면 자기가 본 듯이나 만족하며 대리만족하며 살아왔던 것이다.

아궁이에 장작을 몰아 넣고 군불을 땐다. 시골로 이사 온 후로 겨울이면 나는 장작을 패고 군불을 때서 구들을 달구고 잠을 잔다. 아내는 설설 끓도록 뜨거운 방바닥에 등을 지지는 것을 좋아한다. 불을 다 땔 무렵 잉걸불이 잦아들면 뜨거운 잿불 속에 고구마를 넣어 구울 것이다. 아내는 군고구마를 좋아한다. 그 무엇보다도 내가 불을 때고 나서 구운 그 고구마를 좋아한다.

시를 쓴다 했으나 아직까지 속이 꽉 찬 시를 써보지 못했고 직장에서 승진은 일찌감치 포기하여 변변한 직함도 얻지 못했다. 이래저래 번 것보다 더 많이 써서 쌓아놓은 돈도 없다. 이리저리 찾아봐도 내가 아내를 위하여 해줄 수 있는 것이 군불을 때는 것과 고구마를 구워주는 일 같은 것밖에 없다. '아내를 위하여' 하고 있는 것 하나쯤은 자랑해도 되지 않겠는가? 궁색하게 자랑이라 말하지만 실은 뉘우침 같은 것이다. 좀스럽다 해도, 못났어도 이제 어쩔 도리 없다. 그렇다. 나는 오늘도 군불을 땐다. 지난날 허욕과 허물도 불살라버렸으면 좋겠다. 사그라드는 잿불에 고구마를 묻는다.

이녁

그믐 가까운 밤하늘
별들이 좋아
별 보러 나가자 했더니 따라나선 사람

등 뒤로 유성 하나가 길게 흘러
"앗, 별똥별이다" 하니
"에이, 난 못 봤는데……, 근데 당신이 보았으니 됐어" 한다

내가 먹은 것으로
이녁 배가 부르고
내가 본 꽃으로
제 가슴에 천국을 그리는 사람

나를 스친 풀잎으로
제 살갗에 피멍울이 맺혀
내가 앓기도 전에
먼저 우는 사람아

별똥별 떨어진 자리
또 한세상 같이 건너야 할
무지개다리 하나 걸려 있겠다

심봤다

우리 산과 들에 피고 지는 야생화를 찾아 우리 산천 여기저기를 찾아다녔다. 언제부터인지 정확하지는 않지만 같은 학교에서 근무하게 된, 이제는 절친한 사이가 된 동갑내기 친구를 만나면서부터일 것이다. 둘은 성장 배경이 비슷하였고 야생화에 대한 관심을 공유하고 있었다. 둘이서 주말이면 산행을 하며 우리 야생화 사진을 찍고 이름을 익히고 그 생태에 대해 공부하였다. 그러다가 뜻을 같이하는 몇 교사들과 '지리산 들꽃 사랑반'이라는 모임을 만들고 산과 들을 찾아다녔다.

나중에는 좀 더 전문적인 식견을 가지고 우리의 관심 영역도 더 넓히자 하여 친구와 나는 국립대학 평생교육원에서 자연환경해설사 자격취득 과정을 이수하였다. 그렇게 자격증을 취득하고는 지역의 학생과 학부모와 교사가 함께하는 '지리산 생태학교'라는 모임을 만들어 함께 산을 찾아다니며 놀았다. 아이들에게도 자연 속에서 할 수 있는 여러 가지 놀이와 활동을 통해 자연 감수성을 기르고 환경에 대해 함께 고민하는 소중한 기회였지 싶다.

내 생애 몸과 마음이 가장 푸르고 빛나던 시기 아니었나 생각한다. 나에게도 나의 전공 영역을 넘어서서 자연 속에서 아이들과 소통하고 환경에 대해 함께 배우고 그 소중함을 깨달아가는 시간이었다. 내가 쓴 시에 자연 관련 소재와 내용이 많은 것도 우연이 아니다.

그건 그렇고, 그즈음 그렇게 야생화를 찾아다닐 때 있었던 일이다.

한번은 교사 몇이서 도시락을 싸 들고 야생화를 찾아 어느 골짜기를 더듬어 올라가다가 내가 별다른 뜻 없이 일행에게 질문을 한 적이 있었다. "우리 이러다가 산삼이라도 발견하여 캔다면 그걸 누구에게 줄 것인가?" 일행은 생각보다 사뭇 진지하게 고민했다. 아내와 아이들에게 주겠다는 답이 대부분이었다. 자신이 먹겠다는 이는 하나도 없었다. 나도 산삼을 얻는다면 큰아이에게 줄 것이라 대답해놓고 생각해보니 늙으신 어머니가 떠올라 속으로 죄송

한 마음이 들었다. 그러나 실제로 산삼을 캔 것이 아니어서 다행이었다. "에라이, 나쁜 사람들, 부모님 드리겠다는 사람이 하나도 없다니!" 하고 함께 웃은 적이 있다.

그런데 그로부터 한참이 지난 어느 날 내가 산삼을 캐는 사건이 발생하고 말았다. 아이들이 앞서 산길을 따라 오르고 교사 몇이서 뒤따라가면서 아이들을 독려하고 있을 때 숲 저 안쪽에 산삼이 하나 눈에 띄는 것이었다. 처음엔 내 눈을 의심했지만 다가가 확인하니 분명 산삼이 맞았다. 세상에, 내가 산삼을 발견했다. 삼대에 걸쳐 덕을 쌓아야 보인다는 산삼이 내게 오다니! 새끼손가락 굵기에 긴 수염뿌리가 성글게 나 있었다.

우리 아이 기르고 남의 아이들 가르치느라 고생하는 아내에게 주었다. 어머니도 아신다면 잘했다고 하셨을 것이다.

삐딱선을 타고

초등학교 때 군가를 부르며 자랐다. 눈만 뜨면 반공이라는 단어와 마주쳐야 했고 늘 "어젯밤 오신 삼촌 간첩인가 다시 보자"는 식의 세뇌를 당해야 했다. 고등학교 때 교련 실기 대회 때 학우가 운동장에 뛰쳐나가 '멸공통일' 혈서를 쓰고 흔드는 걸 보았다. 반공 이데올로기가 성장기를 지배하여 다양한 사고를 할 수 없었고 그것이 정권을 지탱하기 위한 술수라는 것을 뒤에야 알았다.

교사가 된 나는 내가 가르치는 아이들에게는 이러한 잘못된 교육을 받게 해서는 안 된다는 생각에 전교조와 출범 때부터 함께하였다. 나는 나와 같은 젊은 교사들에게 함께할 것을 권유하고 각종 집회에도 적극 참여하였다. 정부에서는 탈퇴하지 않으면 해직이라는 극단의 처방을 내

밀었다. 나에게도 하루에도 몇 차례 학교 관리자가 찾아와 탈퇴를 종용하였다. 나는 오히려 그분들을 설득하려고 했고 버텼다. 그때 나는 신혼이었다. 첫아이를 낳았고 아이 엄마는 같은 교사였지만 건강이 썩 좋지 않아 그 무렵 자주 휴직과 병가를 번갈아가며 내야 했다. 나는 해직이라는 마지막 겁박 앞에서 무릎을 꿇어야 했다. 학교장이 작성한 탈퇴서에 도장을 찍고 행정실 직원이 전교조 사무실에 전달했다. 그리고 해직을 간신히 면했다. 해직은 면했지만 그 굴욕감은 내내 지울 수 없었다.

동료 교사 선후배들이 줄줄이 해직을 당했다. 백기를 들고 현직에 남은 나는 낯을 들 수가 없었다. 겨우 후원회를 조직하여 생계가 끊긴 해직 교사들에게 후원금을 모아 전달하는 일을 하는 것으로 미안함과 부끄러움을 가리고자 했다. 전교조를 바라보는 사회의 인식이 크게 왜곡되어 있음에도 퇴직할 때까지 조합원으로 남아 활동했던 것은 그때 그 굴복의 부끄러움을 보상하기 위한 것이었는지도 모른다.

승진을 포기하고 평교사로 남기로 마음먹은 것도 같은 맥락에서였다. 승진을 하고자 하면 교육 당국에서 정한 제도에 따라야 하는데 더구나 보수 정권에서 요구하는 제

도적 조건들을 수용하기 어려웠다. 물론 그럼에도 불구하고 승진을 택하여 관리자가 되어 소신껏 뜻을 펼친 수많은 교사들을 폄훼하고자 하는 것은 아니다. 다만 나는 평교사로서 이러저러한 제도에 크게 구애받지 않고 자유롭게 할 일이 있었다고 해두자. 딸깍발이처럼 그렇게 교사로서 한 시대를 걸어왔던 것에 대하여 크게 후회하지 않는다. 내가 교사였던 것을, 내가 평교사였던 것을, 전교조 교사였던 것을 뉘우치고 싶지 않다.

내게 엄마라는 말은

사전을 찾아보니 엄마라는 말은 "1. 주로 어린아이가 어머니를 이르는 말"로 설명되어 있다. 다른 뜻으로는 "2. 어머니를 정답게 부르는 말, 주로 구어에서 쓴다."고 설명되어 있다.

몇 년 전 어느 강연에서 내가 나의 어머니를 '엄마'라고 지칭하자 점잖게 앉아 계시던 어른 한 분이 "엄마가 뭐냐? 어른이 되었으면 어머니라고 해야지." 하시며 훈계를 하셨다. 그분은 사전에서 설명하는 1번의 의미를 바탕으로 그렇게 말씀하신 것이리라. 나이 쉰이 넘은 내가 어린아이처럼 어머니를 엄마라 부르는 게 마땅찮아 보였을까?

좋다. 그분이 틀렸다거나 탓하고 싶지는 않다. 그럼에도 나는 엄마를 부르는 일에 엄마라는 호칭을 포기하고 싶지 않다. 설사 철없는 어린아이로 비춰진다 해도 엄마를 엄마로 부르고 싶다. 불러서 엄마가 "오야."라고 하는 대답만 들을 수 있다면 뺨을 몇 대 얻어맞는대도 불러보고 싶다. 세상에 엄마만 한 바다가 어디 있으랴, 세상에 엄마만 한 하늘과 대지가 어디 있으랴? 생의 어느 길목에서 엄마와 헤어져 이제는 불러볼 수 없는 호칭이 되어버렸다. 이다음에 엄마 계신 세상으로 갈 수 있다는, 다시 볼 수 있다는 생각을 하면 나는 엄마가 먼저 가신 그 길을 기꺼이 갈 수 있을 것 같다.

우리 형제는 여덟 남매였으나 맨 위 두 분이 어려서 사망했다고 한다. 그래서 그런지 엄마는 자녀들에 대한 애정과 애착이 남과 달랐다. (아니, 세상에 모든 엄마는 그러리라 생각한다.) 가난한 소작농 집안의 가정 형편은 정말 어려웠다. 김치를 많이 넣고 밥알은 얼마 들어가지 않는 멀건 김치국밥을 먹던 어릴 적 기억도 있다. 엄마는 여자보다 강하다는 말이 있듯이, '한량'이셨던 아버지를 대신하여 어머니는 6남매 기르느라 그야말로 허리띠를 졸라매고 산에서 밭에서 논에서 일을 하셨다. 겨울이면 먼 산까지 가서 땔나무를 하여 집채만 한 나무동이를 머리에 이고 와서 아궁이에 불을 지피고 한여름이면 뙤약볕 아래서 품팔이 밭을 매셨다. 뙤약볕에 그을려 어머니의 살갗은 껍질이 벗겨져 너덜거렸다. 그 살갗엔 소금기가 하얗게 맺히기도 했다. 그렇게 나는 엄마 살갗에 구운 서 말의 소금을 빚졌다.

나는 육 남매의 막내로 엄마 나이 마흔에 태어났다.(그 때 아버지 나이 쉰) 온갖 고생을 다 하는 엄마의 모습을 지켜보며 어려서 나는 엄마를 그림자처럼 따라다녔다. 엄마를 생각하는 자녀 누구나 그러하겠지만 나에게 엄마라는 말은 늘 최루성이다. 변변하게 입어보지도 못하고 먹어보지도 못하고 오직 자식만을 위해 살다가 가셨기 때문이다. 훗날 엄마는 그렇게 말씀하셨다. "느그들만 아니었으면 내가 진작 세상 버렸을 것이다." 생활력이 강하지도 않고 자식 교육에 큰 관심도 없으셨고(있었다 해도 그 시대에 가난을 벗어나는 뾰족한 수도 없었을 것이지만) 때론 폭력적이기까지 한 아버지와 함께 살면서 여덟을 낳아 여섯 자식을 돌보고 키운다는 게 얼마나 지옥 같았을까? 내가 당신에게 받은 사랑을 돌려드릴 수 있을 만큼 자랐을 때는 이제 내 곁에 계시지 않았다. 뼈아픈 후회만 남아 있을 뿐이다. 엄마라는 말만 떠올리면 눈물샘부터 차오른다.

중학교 때 하루 왕복 18킬로미터가 넘는 비포장 자갈길을 자전거를 타고 통학하였다. 1학년 때다. 한번은 괴짜

담임선생이 떠들고 말을 듣지 않았다고 단체기합을 주는데, 방과 후에 남아 교실 바닥을 반짝반짝 윤을 내라는 것이었다. 그런데 정작 그 자신은 퇴근을 해버려서 우리는 깜깜해져도 집에 갈 수가 없었다. 뒤늦게 술 냄새를 풍기며 담임선생이 나타나 종례를 해주었다. 불빛도 없이 자전거를 타고 가는 시골 밤길이 얼마나 무서웠는지 모른다. 지금처럼 전화기가 있지도 않았던 시절, 가다 보면 시커멓게 입을 벌린 방죽도 나오고 공동묘지도 나온다. 머리털이 바짝 곤두서고 두려움에 목소리도 나오지 않았다. 달조차도 뜨지 않은 어두운 밤길을 더듬어 절반이나 왔을까? 어둠 속 저 멀리서 내 이름을 애타게 부르며 다가오는 엄마의 목소리를 듣는 순간 왈칵 울음이 솟구쳤다. 세상에서 그처럼 따뜻하고 포근한 목소리를 엄마의 자식 아니라면 어디서 들을 수 있을 것인가? 긴장에서 놓여난 내가 자전거를 내려 엄마하고 부르며 달려가 안겼던 기억이 어제 일처럼 선연하다.

딸아이들이 장성하여 결혼을 했어도 이 녀석들은 "엄마, 엄마" 하며 찰삭 붙어서 엄마와 스킨십을 하고 정답게 얘기하고 소통한다. 아이들이 부럽고 아내가 부럽다. 나는 왜 그러지 못했을까? 나는 왜 엄마가 될 수 없을까? 이 세상에서 사는 동안 죽었다 깨나도 나는 엄마가 될 수 없다. 내가 아무리 아버지로서 아이들을 사랑한다 해도, 엄마처럼 그 깊고 따뜻하고 포근한 사랑을 줄 수 없을 것이다. "여자는 엄마로 완성된다."는 말이 엄마가 될 수 없는 상황에 놓인 사람에게 오해를 주지 않는 한에서 나는 그 말에 공감한다.

어렵고 힘들기만 했던 나의 사춘기와 청소년기에 내가 빗나가고 세상을 원망하여 잘못된 길로 들어설 수도 있었을 때 엄마는 늘 나의 밤길을 밝혀주는 등대였고 버팀목이었다. 엄마를 떠올리면 나는 잘못될 수가 없었던 것이다. 빗나가서는 안 되었던 것이다. 아이들에게 엄마보다 더 큰 위안과 희망이 있을까? 엄마는 위대할 뿐 아니라 강하고 또 아름답다. 그래서 엄마는 아무나 될 수 없다.

어떤 여성단체가 있다. 그들은 침몰하는 배에 갇혀 구조되지 못한 채 죽어간 아이들의 부모들의 피맺힌 절규를 "아이들의 죽음으로 돈벌이를 한다."고 말하기를 서슴지 않는다. 일제강점기 성노예로 끌려가 송두리째 망가진 할머니들의 삶을 "자발적 매춘"으로 매도한다. 파렴치하고 몰지각하고 몰역사적이며 인간이기를 포기한 사람들 아니고서 그럴 수가 있을까? 단체의 이름 앞에 '엄마'를 내

걸었다. 엄마라는 단어를 사용하는 걸 보면 엄마라는 말은, 그들이 갖고 있는 추악한 정체성을 위장할 수 있는 가장 아름답고 따뜻하고 포근한 말임에 분명하다. 어떻게 엄마라는 말을 갖다 붙일 생각을 했을까? 악마도 엄마를 흉내 내고 싶었던 모양이다. 자식을 위하여 엄마는 악마가 될 수 있어도 악마는 엄마가 될 수 없다.

신은 세상 곳곳에 다 가서 돌볼 수 없어서 대신 엄마를 보냈다는 말도 있다. 진짜 엄마가 되어 세상을 바라본다면 어떨까? 이 세상 안쓰럽고 배고프고 고통받는 이들을 안아주고 다독여주고 먹여주고 싶은 생각이 들지 않을까? 내게 그런 면이 조금이라도 있다면 내 안에 엄마가 살아 계셔서 그런지도 모른다.

수련(睡蓮)이 전하는 말

글을 쓰기가 참으로 어려운 날들이다. 아직도 가슴이 먹먹하고 도무지 일들이 손에 잡히지 않는다. 어떻게 그런 일이 일어날 수 있단 말인가? 싱그러운 신록을 호흡하면서도 이 푸른 공기가 그 아이들이 그토록 숨 쉬고 싶었던 그 공기라 생각하면 가슴이 답답해온다. 하지만 그래서 더욱 삶의 매 순간이 감사하고 절실해지는 것도 사실이다. 세월호와 함께 유명을 달리한 영혼들은 우리들이 슬픔에만 잠겨 있을 것이 아니라 더 나은 세상을 만들기 위해서 힘차게 살 것을 바랄 것이라 생각해본다. 일어나 하늘을 올려다본다. 신록이 눈부신 날이다.

나는 나무를 좋아한다. 풀꽃들을 좋아한다. 시를 쓰는 나는 즐겨 나무와 풀꽃들을 소재로 글을 쓰곤 한다. 우리 사회의 복잡다단한 문제와 다양한 인간의 고뇌와 감정을 시로써 노래하지 않고 자연 속에서 안이한 서정시만 쓰느냐고 하는 사람도 없지 않다. 하지만 오늘날 현실이 복잡다단할수록 자연의 목소리에 귀를 기울일 줄 알아야 한다는 것이 나의 생각이다. 작은 풀꽃 하나에 우주가 있고 인생이 있음을 알면 자연 속에서 자연과 더불어 사는 삶이 그렇게 한가한 것이라고 말하지 못할 것이다.

야생화를 공부하고 찾아다닌 것이 30대 중반을 넘어서면서부터였을 것이다. 우연한 기회에 수련 한 뿌리를 얻어 아파트 베란다의 큰 오지 항아리에 키웠다. 꽃을 피우는 것을 보고 싶었다. 그런데 땅의 기운을 받지 못해서인지 항아리가 좁아서인지 수돗물을 먹어서 그런지 비실비실 제대로 자라지 못하는 것이었다. 오랜 시간이 지난 뒤 나는 시골 산동네에 집을 짓고 이사를 왔다. 좀 과장하여 말하면 결국 이 수련과 함께 살아보겠다고 시골에 땅을 마련하고 집을 짓고 연못을 팠는지도 모른다. 그 수련은 지금 손바닥만 한 우리 집 연못에서 잘 자라서 꽃을 피운다. 물론 수련 하나 때문만은 아니었다. 마당에 나무와 풀꽃을 심어두고 그것들과 함께 살고 싶은 마음에서 시골을 택했을 것이다. 마당 구석구석에 여러가지 풀꽃들이 피었다가 지지만 유독 이 수련에 정이 간다. 아파트 시절에 간당간당 목숨을 부지하면서 고생하게 한 죄가 있어서일까?

수련이 꽃을 피운다. 수련의 '수'자가 물 수(水) 자인 줄 아는 분이 더러 있다. 그러나 수련의 '수' 자는 '잠잘 수(睡)'자를 쓴다. 이 글자는 '꽃이 오므라지는 모양'이라는 또 다른 뜻이 있다. 그렇다. 햇살이 비추면 꽃이 펼쳐졌다가 햇살이 강하게 내리쬐는 오후가 되면 꽃도 오므라든다. 그래서 붙여진 이름이지 싶다. 열대의 수련들은 색깔이 현란하지만 우리나라에서 자라는 수련들은 매우 단아하고 색이 다소곳하다. 그런데 수련은 연꽃과는 달리 꽃이 질 때는 솟아올랐던 꽃대가 시들어 오므린 꽃봉오리를 물속에 잠가버린다. 왔던 곳, 물 속으로 돌아간다. 지상에 흔적을 남기지 않는다. 제 몸을 제가 치우고 가는 그 최후의 모습이 오래 마음에 남는다. 완전연소의 불꽃처럼 재도 연기도 남기지 않고 자취 없이 사라진다. 지상에 돈과 명예를 쌓아놓고 죽은 이후까지 그 욕망의 흔적을 남기려 애쓰는 사람과는 다르다.

맥락이 닿지 않는 이야기일지 모르나, 세월호 사고는 더 많이 가지고 누리려는 인간의 탐욕이 빚어낸 참사가 아닌가 하는 생각을 한다.

어떻게 살고 어떻게 가야 할까? 몇 송이 수련이 피고 지는 모습을 보면서 어떻게 살 것인지, 어떻게 사라질 것인지 생각한다. 더 많이 가지기 위해서 더 많이 누리기 위해서 살기보다 수련처럼 깨끗한 삶과 소멸을 소망하는 삶을 꿈꾸어본다.

지금 수련이 한창이다. 저 아름다운 꽃도 때가 되면 마지막으로 꽃문을 닫고 물속으로 잠겨버린다. 그러나 그게 끝은 아니다. 물속에서 씨앗을 맺고 다시 그다음 생을 시작한다. 지리산의 초여름은 그지없이 아름답다. 그러나 이번 여름은 슬픔이 아름다움을 압도해버린다. 그렇다고 마냥 슬픔에 젖어 있는 것도 도리가 아닌 것 같다. 지상의 삶을 다한 수련이 물속에서 다시 다음 생을 기약하듯이 세월호와 함께 생의 문을 닫은 영령들이 다음 생을 아름답게 피워내리라는 희망과 기원을 담아본다.

꽃 아닌 것 없다

가만히 들여다보면
슬픔이 아닌 꽃은 없다

그러나
꽃이 아닌 슬픔은 없다

눈물 닦고 보라
꽃 아닌 것은 없다

비익조(比翼鳥)의 사랑

내 고장 남원, 저무는 만복사 폐사지의 낡은 석탑에 기대어 노을을 바라본다. 햇살을 받아 석탑은 사람의 살처럼 따스하다. 이 석탑에 기대어 사랑이 떠나간 서녘 하늘을 쓸쓸히 바라보았을 허구 속의 한 사내의 지고한 사랑을 떠올려본다. 그리고 허구 속에서가 아닌 실제의 역사 속을 걸어나왔다가 이 외진 변방의 절까지 발걸음했을 매월당 김시습 그의 고독한 생애를 겹쳐 떠올려본다. 가슴 그득 뜨거운 것이 고인다.

매월당이 찾았을 무렵 이곳 남원부의 만복사도 이미 불교의 세는 억불숭유 정책에 눌려 사세가 기울어질 대로 기울었다. 스님들의 빨래 옷에 허옇게 덮여 '백들'이라 불렸다던 저 앞 들녘도 다북쑥 쑥대밭으로 변한 지 오래다.

시습은 삼각산 중흥사(重興寺)에서 공부하다가 수양대군이 단종을 내몰고 왕위에 올랐다는 소식을 듣고 통분하여, 공부하던 책을 태워버리고 중이 되어 이름을 '설잠'이라 스스로 칭한다. 그가 태워버린 책은 임금을 정점으로 하는 위계적 통치 질서와 그를 받쳐주는 유교 이념을 뼛속까지 내면화시키던 서책들이었을 것이다. 그 덕목들을 뿌리째 부정해버린 세조의 패륜을 보고 시습은 하늘이 무너진 듯 허망했으리라.

다섯 살 때 시를 지어 세상을 놀라게 하던 신동 시습은 이제 천하디 천한 중으로 방랑의 길을 떠난다. 저 북으로 안시향령에서 남으로 다도해까지 떠돌 때 이곳 남원부를 거쳤을 것으로 짐작된다. 이곳 폐허가 되어가는 만복사에 머물며, 잦은 왕권의 교체가 주는 혼란과 새로이 국가의 이념으로 자리잡은 유교의 정체성에 대한 의구심, 현실정치의 부패와 무능이 주는 절망, 고통받는 민초들에 대한 연민으로 잠을 이루지 못했으리라. 그 무엇보다 우선해야 할 참다운 인간성에 대해 깊은 고뇌를 하였으리라.

그는 뒷날 몇 차례 세조의 부름을 받고도 나가지 않은 채 경주 남산에 금오산실을 짓고 『금오신화』를 쓰게 된다. 『금오신화』의 첫 이야기가 「만복사저포기」다.

양생은 법당의 부처님과 내기를 한다. 저포놀이다. 부처를 인격화한 것도 재미있지만 저포놀이에서 양생이 부처를 이긴 것도 흥미롭다. 부처의 인연으로 만난 처녀와 양생이 바로 그날로 법당 앞 행랑채에서 사랑을 나눈 것도 파격이다. 김시습의 방외자적 상상력이나 자유로운 영혼을 짐작해보게 하는 대목이다. 당시 종교화된 학문의 폭력적 현상에 대한 문학적 저항이라 한다면 억측일까?

작품 속 양생과 가약을 맺은 여자는 어느 날 청천벽력과 같은 고백을 한다. '그대와 사랑을 나눈 나는 왜구의 분탕질에 몸과 마음을 지키려 목숨을 끊은 처녀의 유혼이라'고. 살아 있는 사람이 아닌 것이다. 귀신이었다. 어찌 알기나 했으랴. 수밀도를 베어 문 듯 달콤한 그 사랑을 스스로의 발원으로 저승으로 떠나 보내야 하는 것을……. 임시로 매장된 처녀의 무덤을 찾아 양생은 지극정성 장례를 치러준다.

> ……나는 집에 들어가도 그저 멍멍히 지냈고, 밖에 나가도 아득하여 갈 데 없는 몸이 되었소. 영혼 모신 휘장을 대하면 얼굴을 가리어 울게 되고, 좋은 술을 따를 때엔 마음은 더욱 슬퍼지오. 요조한 그 모습은 눈에 삼삼하고 명랑한 그 음성은 들리는 듯하오. 슬프외다. 총명한 당신의 성품,

정밀한 당신의 기상, 몸은 비록 흩어졌을지라도 영혼만은 남아 있을 것이니 응당 내려와서 뜰에 오르시고 어쩌면 나타나서 곁에 있겠지요……

이야기 속 양생이 눈물로 지어 읊은 제문이다. 여자의 장례를 지낸 양생은 슬픔을 이기지 못해 토지와 가옥을 팔아 연사흘 제를 올렸다. 양생은 이후 다시는 장가를 가지 않고 지리산에 들어가 다시는 세상 사람들에게 그 모습을 드러내지 않았다.

남자가 여자에 대하여 전인격적으로 정절을 지킨 향기로운 이야기로 읽고 싶다. 당시 사회에선 혁명적인 발상이 아닐 수 없다. 이 이야기는 도발적인 그 어떤 것이다. 그래서 매월당은 이 『금오신화』를 짓고 나서 "뒷날에야 누군가 알아볼 이가 있을 것이다(後世必有知岑者)"*라 하고 석실에 책을 감추고 세상에 내놓지 않았다고 한다. 그렇기도 하겠다. 남존여비를 당연하게 여기고 남자에 대한 여자의 정절을 강조하던 시절에 '남자의 정절'이라니. 김시습은 당시의 남성 중심적인 애정 논리에 대하여 그 불구성을 고발하고 싶었을까? 정절에 남녀가 있겠는가 묻고 싶

* 김안로가 지은 『용천담적기』에 기록되어 있다고 한다.

었는지도 모른다. 분별심 저 너머의 사랑을 그리고 싶었는지도 모를 일이다. 한 500년쯤을 앞서나간 이야기는 아닐까?

> 봄이라 꽃피는 밤 달빛마저 꽃다운데
> 내 시름 그지없어 달님아 물어보자
> 이 몸이 스여디어 비익조** 된다면
> 푸른 하늘에 님과 함께 날개를 펴고 날리라

「만복사저포기」에 나오는 시 한 조각이다. 저물어가는 서쪽 하늘을 바라보며 그 노을을 헤치고 날아가는 비익조 한 쌍을 떠올린다.

** 암수가 눈과 날개가 각각 하나씩뿐이어서 짝을 짓지 않으면 날지 못한다는 전설의 새.

만복사저포기 — 양생의 말

그것이 사랑이라면
어찌
이승의 것만이 사랑이겠느냐

그것이 인연이라면
단 한 번의 저포놀이라 할지라도
숙세 내세 건너가는 다리가 아니겠느냐

옷깃 스친 꽃잎 하나로도
영원이 아니겠느냐
그 단내 나는 숨결
한바탕 꽃꿈이라 하지만

그것이 운명이라면
사랑해서는 안 되는 것까지도
사랑하는 나의 길은
이승 저승 영원의 길

혹여 네가 다시 그 길에 피어
옷깃에 스칠 수만 있다면
내가 오늘 지리산에 들어
시방세계 꽃잎을 다 헤겠다

산골에서 홍수를 만나다

그해 연속하여 50일이 넘게 장마가 계속되었다. 이 동네에 집 지을 땅을 살 때만 해도 내가 지금 사는 골목은 저 야트막한 산골짝에서 이어진 작은 개천이 있고 그 길옆으로 포장되지 않은 골목길이 놓여 있었다. 그런데 집 지을 무렵에는 그곳이 복개되어 제법 넓은 길로 변해있었다. 복개천 입구는 우리집으로부터 약 30미터 위에 있다.

동네를 감싸고 있는 그리 높지 않은 산은 바위산도 아니고 충적토로 이루어져 있고 산 아래엔 밭들이 둘러 있다. 오래 계속되는 빗물을 흙이 머금고 있다가 한계에 이르자 사태가 났다. 최근에 농막을 짓고 그 주위 땅을 밭으로 변형시키느라 파헤쳐진 흙더미도 함께 쓸려 내려와 복개천 입구를 막아버렸다. 지반이 무너지면서 뽑힌 큰 나무와 바위와 흙이 엄청난 물과 함께 골목을 넘쳐흘렀다. 새벽에 폭포수가 흐르는 듯한 물소리에 깨어 마당 저쪽을 플래시로 비춰보니 폭포 같은 물줄기가 골목을 흐르고 마당까지 물이 차올랐다. 골목 저 아래쪽에서 누군가 크게 외치는데 빗소리 물소리에 묻혀 잘 들리지 않았다. 큰 하천에서 멀리 떨어진 우리 동네, 우리 집이야 무슨 일이야 있겠냐 싶어 들어와 잠을 청했다.

날이 밝아 일어나 나가보니 골목에 면한 마당 앞 주차 공간에 주차해놓았던 내 차와 아내 출근차가 보이지 않았다. 약 30여 미터를 떠내려가 하나는 남의 집 입구에 걸쳐 있고 하나는 떠내려온 바위가 막아놓은 작은 보에 걸쳐 있었다. 외부가 많이 파손되고 엔진룸까지 물이 들어가 차 두 대를 폐차시키고 말았다. 그해 따라 자차보험을 들지 않았다. 아무런 보상도 없었다. 차 두 대가 허공으로 날아가버렸다. 이 근동에서 내가 입은 수해가 가장 컸던 것으로 기억한다.

내 고장 남원 저 아래쪽 섬진강 일부 둑이 무너져 동네 하나가 온통 물에 잠기고 가까운 구례도 섬진강 둑이 터져 큰 피해를 입었다. 농민들과 주로 서민들의 피해가 컸다. 내가 입은 피해를 어디에 말할 계제가 아니었다. 커다란 재산상의 손실을 입고도 어디에 하소연도 못 하고 사람 다치지 않은 것으로 위안을 삼으며 그해 홍수를 건너왔다. 두고두고 잊지 못할 것이다.

40만 원짜리 산행

허리에서 다리로 이어지는 통증으로 오랫동안 치료를 받다가 결국은 잘한다는 서울 어느 병원에서 척추뼈 사이의 공간을 넓히는 시술을 받았다. 그 뒤에도 통증은 계속되어 여러 가지 치료를 받고 어느 정도 호전되었을 때 내 몸을 실험하고 싶었다. 앞으로는 더 나빠질 일밖에 없다는 말과 함께 무리하지 말라는 경고를 듣고 나니 무언가 마음 안에 서글픔과 함께 어떤 오기가 생겼기 때문이다.

6월 어느 날 일기를 살핀 뒤 새벽 가까운 시간에 김밥집에 가서 김밥 한 줄과 생수 두어 병을 준비하고는 지리산 백무동을 향해 출발하였다. 젊은 날 서너 번 산행을 하였던 한신계곡으로 들어서 오르기 시작했다. 이름만으로도 마음을 설레게 했던 첫나들이폭포, 가내소폭포를 오랜

만에 다시 만났다. 얼마나 반가웠던지! 그러나 한신폭포를 지나 가파른 코스에 이르자 무리한 선택이었구나 하는 후회가 몰려왔다. 세석평전에 이르는 마지막 부분은 경사가 심한 곳이기 때문이다. 허리에 다시 무리가 되면 어쩌나 하는 생각에 조심스럽게 그리고 천천히 걸어 세석평전에 다다랐다. 아, 이제 천왕봉까지는 능선만 타고 가면 되겠구나 하는 생각에 안도의 한숨이 나왔다.

한숨 돌리며 힘을 보충하기 위해 준비해온 비스킷처럼 낱개 포장된 엿을 꺼내어 입에 오물거리며 녹여 먹었다. 다시 걸어 능선을 타고 한참을 가는데 입안에 녹지 않은 엿이 단단하게 이물감으로 걸렸다. '아, 엿에 이물질이 들어 있었구나' 하고 등산로 저 안쪽으로 뱉어버렸다. 그리고 온 힘을 다하여 영신봉, 촛대봉, 연하봉 제석봉에 이르렀는데 점심으로 김밥을 먹으면서야 입안 잇몸 한 부분이 허전함이 느껴졌다. 아차, 아까 입안에 느껴지던 이물감이 내 충치를 덮었던 금붙이 때문이었구나 하는 것을 그때야 알아차렸다. 이런 낭패가 있나! 다시 돌아가 찾아올 수도 없고…….

이제 천왕봉까지 왕복 2킬로미터 남짓 남아 있는데 다리는 천근만근이고 잃어버린 어금니 금붙이에 속이 상하여 정상 도전을 포기할까 생각도 하였다. 그만두고 하산하고 싶은 생각이 굴뚝같았다. 건강한 사람에게는 어떨지 모르겠으나 내게는 무리가 아닐 수 없었다. 하지만 내가 이 산행의 대가로 산에 금붙이까지 바쳤는데 본전은 뽑아야지 하는 오기가 생기고, 허리를 비롯해서 여기저기 고장이 나는데 다시는 천왕봉을 대면하지 못할지도 모른다는 감상적인 생각이 스쳤다. 여기까지 오는 동안 금쪽만큼이나 내 소중한 것들을 얼마나 잃어버리고 왔던가 싶으니 힘들기는 하겠으나 천왕봉에 올라가 보상받고 싶었다.

학창 시절부터 지리산 천왕봉은 마음 안에 신성한 영역으로 자리하고 있었다. 그곳에 가면 새로운 기운으로 채워진다는, 설명하기 어려운 믿음이 있었다. 새해 첫날 새벽 두 시부터 산행을 하여 일출을 보면서 차오르던 그 환희의 충족감을 잊기 어렵다. 이제 몇 번이나 여기를 오르겠냐 하는 감상에 젖으니 안 가고는 안 될 것 같았다. 기력을 다하여 천왕봉에 올랐다.

오랫동안 허리와 다리 통증을 겪어야 했던 몸으로 하루 20킬로미터 남짓 산행은 말처럼 쉬운 일이 아니었다. 내려오는 길은 더 힘들었으나 새로운 힘과 자신감으로 채워져 있었다. 무리하면 안 된다는 말이지 하지 못한다는 말은 아니겠구나 하는 자신감이 생겼다.

지리산 세석평전 어딘가엔 내 몸의 일부였던 금붙이가 아직 그 빛을 잃지 않고 있을 것이다. 그렇게 산과 내가 연결되기도 한다. 금붙이 한 조각을 잃고 온몸에 더 빛나는 것을 채웠던 날이 그렇게 있었다.

시 앞에서 탄식하다

모 일간지에 '이달에 만나는 시'로 선정된 시를 접하게 되었다. 그 일간지는 내가 보지 않기로 작정한 신문인데 내 이름이 함께 검색되어 묘한 기분에 그 시를 읽게 된 것이다. 그런데 작품을 아무리 읽어도 한 문장도 이해할 수 없었다. 어렴풋이 한 문장의 뜻을 짐작하고 다음 문장과 연결지으려 해도 그림이 그려지지 않았다. 읽고 거듭 읽었어도 결국 나는 한 줄도 읽지 않은 셈이 되고 말았다. 어허, 이 난감함이란! 지방대학이긴 하지만 깜냥에 대학도 졸업했다는 사람이 언문으로 된 이 짧은 글을 전혀 이해하지 못하다니…… 약간의 모멸감도 들었다. 한편 내 시 공부는 멀어도 너무 멀었구나 싶었다.

그 시를 추천한 평론가와 시인들은 선정 이유를 한마디

씩 밝혔는데 역시 무슨 뜻인지 아리송하긴 마찬가지였다. “작가는 ‘제가 쓴 시지만 한참 뒤 보면 제게도 전혀 다른 뜻으로 보인다.’며 웃었다. 어차피 정답은 없다. 해석은 독자의 자유다.”라고 쓰여 있다. 자신도 그 의미를 잘 모르고 정답도 없는 글을 알아서 해석하라는 뜻으로 읽혀서 말 속에 약간의 폭력성마저 느껴졌다. 자유라는 명목으로 독자에게 무한 책임을 지우고 있는 듯한 인상을 지울 수 없다. 그걸 아량과 배려로 풀이해야 하나? 소통을 위한 도구로 만들어진 언어, 그 언어로 된 시를 두고 전혀 그 의미를 찾지 못하는 데 낭패감이 앞선다.

신춘문예거나 문예지에 새로 선보이는 시들이 그렇고 유력 문예지에서 출간되는 많은 시집들이 그렇다. 난해시의 시대라 해도 지나친 말은 아닐 것이다. 난해를 넘어 독해 불가능, 불통의 시가 만연하고 있다. 나 같은 비주류의 이러한 넋두리를 “제 안목을 벗어나는 시에 가하는 가장 손쉬운 복수라고, 그리고 가장 무책임한 진단이라고” 하려나?

예술로서 문학이 새로움을 추구하는 것을 생명으로 여기는 것은 맞다. 이전의 그 어떤 것과는 다른, 다른 그 누구와도 다른 작품을 창조해내는 것이다. 그러나 우리 시에 그 새로움을 구실 삼아 과도하게 독자와의 소통을 무시하는 자폐적 기류가 팽만해 있다는 생각이 든다. 혼자만 아는(그 자신도 모르는), 암호이거나 난수표 같은 글이 새롭다는 말로 넘치는 평가를 받는 것이 과연 바람직할까 싶다.

이미 알고 있는 것에 공감하며 고개를 끄덕이며 읽는 것이 진부하다고 말하는 것을 본다. 그러나 사람들은 이미 다 알고 있지 않을뿐더러 알고 있다고 믿는 것 속에도 미처 깨닫지 못한 의미가 있고 새로움이 있다. '우리의 언어' 말고 '나의 언어'를 창조하는 것이 문학이라고 말한다. 동의한다. 그러나 결국 '나의 언어'는 '우리의 언어'와 연결되지 않으면 공허한 혼잣소리에 불과하다. 새로움이 반드시 어려울 필요는 없다. 남과 다름, 혹은 이전과 다름을 추구하고 개성을 한껏 드러내면서도 독자들과 그 울림을 공유할 수 있어야 하지 않을까.

무엇보다 문제는 '구체적 삶'이다. 한 작가의 작품은 그가 살아낸 삶에서 발견한 언어로 직조되어야 한다고 믿는다. 몸으로 살아내는 구체적 생활과 삶은 소거되고 머릿속에서 언어 조작으로 이루어낸 외계 언어 같은 작품에는 고개를 끄덕이기 어렵다. 함께 더불어 헤쳐나갈 삶의 문제에 대해 고민하고 고뇌하는 작품이 아쉽다.

민중 속으로 다가가는 데서 그치지 않고 민중을 창작의 주체로 세워야 한다고 외치던 시대가 있었다. 그러나 이제 시는 뛰어난 안목을 지닌 일군의 시인, 평론가의 전유물이 된 듯하다. 많은 시인과 독자들이 무시할 수 없을 정도의 소외감과 열패감을 느끼고 있다. 시에서 떠나고 있다. 과도한 선민의식과 엘리트주의, 현학 취향을 즐기고 부추기는 동안 그렇지 않은 군소 시인들은 '시인 나부랭이'쯤으로 치부되고 있는 것 같다.

가뜩이나 불통이 만연한 시대, 독자와의 소통을 좀처럼 허락지 않는 시들을 보면서 오래 망설이다가 푸념하듯 생각을 늘어놓는다.

시라는 하얀 지팡이

늙으신 아버지를 대신하여 동생을 부양하고 교육을 책임져야 한다고 생각해서였을까? 잦은 병치레와 두 번의 결혼 실패로 스스로의 삶조차 버거웠던 장형은 나를 몹시도 부담스러워했다.

아버지는 노환으로 누우셨고 어머니가 품삯으로 받은 몇 푼의 돈으로 나를 뒷바라지하셨다. 더러 독서실 냉돌에서 새우잠을 자면서 고등학교를 다녔다. 왜 부모님의 만류를 뿌리치고 고향을 떠나 도회지 사립학교에 진학했던가, 후회가 막심하였다. 오십의 늦은 나이에 나를 낳아 가르치지도 못하고 먹이고 입히지도 못하는 부모의 마음을 헤아릴 나이가 아니었다. 원망스러웠다.

무엇보다 그림을 그릴 수 없었던 것이 큰 괴로움 가운데 하나였다. 더 넓은 세상에 나가 그림을 배우겠노라고 생각했던 것은 오산이었다. 내가 지망했던 고등학교는 오직 입시를 위한 교육과정만 있었고, 그림을 향한 나의 바람을 이끌어줄 어떤 조건도 마련되어 있지 아니하였다. 게다가 당장 도화지 한 장, 물감 한 통 살 돈이 없었다.

중학교 시절에 그림 그린다고 깝죽대는 통에 수학이고 과학이고 공부를 아니하였던 까닭에 공부는 재미없었다. 사설학원에 다닐 여유가 없으니 도서실 구석에 앉아 공부를 하는 대신 책을 읽었다. 간간이 시집을 읽기도 하였다. 읽다가 맘에 드는 시가 있으면 노트에 옮겨 적었다. 가끔 암송해보기도 하였다.

그때 만난 시 한 편이 허영자 시인의 「피리」였다. 짧지만 길고 오래 전율을 안겨주었다. 시시때때로 읊었다. "흐르는 바람으로 가락을 빗는" 것이 어디 피리뿐일까? 그림도 그러하고 시도 그러하지 않을까. "하늘에 사무치는 주문"이라면 꼭 그림일 필요는 없겠다 싶었다. 그림에서 시로 향하게 한 것이 바로 이 「피리」였다. 어렵게 청춘을 건너왔다. 더듬더듬. 나에게 시는 시각장애인의 하얀 지팡이다. 한 치 앞을 내다볼 수 없는 내 삶의 여정을 이 시라는 지팡이로 더듬어 왔다, 어느 날 시로써 "하늘에 사무쳐" "죄 없이 웃는 영혼"에 도달할 수는 있을까? 시로써 자기구원에 이르겠노라고 허무맹랑한 꿈을 꾸게 한 시 한 편이 그렇게 있었다.

실사구시 — 시론 1

시나 쓰기보다는, 시만 쓰기보다는, 시도 쓰기보다는 손을 쓰고, 발을 쓰고, 몸을 쓰고, 무엇보다 힘쓰고, 무릎쓰고, 남은 힘으로 시를 쓰리라.

위대한 시인, 좋다, 그러나 그 이전에 좋은 시인이 되어야 하리라. 유명하다 해서 그게 보장되는 것은 아니다. 유명해서 나쁠 것은 없겠으나 앞의 그 둘을 놓치기 쉽다. 위대한 시인은 하늘이 내는 것이다. 그건 바랄 일이 아니고 좋은 시인 이후에 하늘이 알아서 할 일이다.

별에게 가기 위하여 — 시론 2

별은 나를 꿈꾸게 한다
타라스콩에 가려면
기차를 타야 하듯이
별의 세계로 가기 위해서는
죽음의 관문을 통과해야 한다.
(고흐가 동생 테오에게, 1888)

— 파스칼 보나프의 『반 고흐』에서

어디 별뿐이겠느냐, 바로 옆에 있는 꽃에게로 가기 위해서도 죽음의 관문을 거쳐야 한다. 내가 어찌 나인 채로 꽃의 마음에 닿을 수 있을까? 꽃의 중심에 가닿기 위해서는 죽어서 꽃이 되어야 하리라. 그래, 일생에 죽음이 어디 한 번뿐이랴. 저 나무 한 그루에 다가가기 위해서도 일생이 걸린다. 나의 시는 다생(多生)의 내 죽음의 기록인지도 모른다.

오늘도 나는 시의 기차를 타고 너에게로 간다. 나에게로 간다.*

* 시집 『목련꽃 브라자』 자서(自序)

밑불이라는 말 — 시론 3

밑불이란 말이 있다. 불을 피울 때 불씨가 되는, 본래 살아 있는 불. 불의 씨, 씨앗불. 밑불은 그 위에 얹는 땔감에 불을 옮겨주는 데 소임이 있다. 그러고는 곧 사그라들고 만다. 재가 되는 것이다. 옮겨붙어 타오르던 불도 이윽고 다시 밑불이 되어 어딘가에 불을 옮겨주고 재가 되어야 한다. 타고 남은 재가 기름이 된다. 그리하여 불의 길 하나가 만들어진다.

매캐한 새벽 공기 속에 연탄을 갈던 습기 많은 날들아, 불씨를 꺼뜨리지 않게 깨어 있던 시간, 몇 줌 언어를 찾기 위해 잠 못 이루던 날들, 스치는 바람결에도 살을 베이던 눈물 많은 날들, 타고 남은 재 속 씨앗처럼 반짝이는 불씨

를 찾아 식은 입김을 불어넣던 안간힘들아,

밑불이었다. 밑불이어야 한다. 살아온 날은 살아갈 날의 밑불이다. 이미 쓴 시는 새로이 쓸 시의 씨앗불이어야 한다. 시의 길, 재로 남는 길일지라도 불길 하나 이어놓고 가는.

제 4 부

새와 더불어

외로움에 대하여

오늘도 마을 들길을 걷는다. 한 차례 폭설이 내린 뒤 며칠 마을은 고요하다. 몇 가구 되지 않은 마을에 그나마 오가는 사람 보이지 않고 마을은 텅 빈 듯하다. 운동 삼아 들길을 걸어도 마주치는 것은 비둘기 떼와 동네를 지키는 까마귀 한 쌍 그리고 몇 마리 참새 무리가 전부다. 이 마을로 이사 온 지 20년이 되어가는데 해마다 겪는 풍경이지만 세월이 갈수록 느껴지는 외로움이 커진다. 겨울이라서 더욱 그럴까? 쓸쓸하다. 타성바지로 들어와서 동네 사람들과 활발한 소통도 이루어지지 않는다. 아이들은 결혼하여 나가 살고 두 내외만 외진 마을에 갇혀 사니 더욱 그럴 것이다.

가끔은 외롭다는 생각을 한다. 찾아오는 사람이 많지 않다. 내가 찾아가는 일도 많지 않다. 사람들과의 활발하고 폭넓은 교류를 그리 즐겨하지 않은 편이다. 여기저기서 보내온 책들이 많다. 문예지이거나 시집이 대부분이다. 온라인으로 청탁서를 받고 온라인으로 작품을 보내고 이렇게 우편으로 주고받으니 사람을 직접 대할 기회가 많지 않다. 책들을 받아볼 때나 내가 시인이라는 이름을 유지하고 있음을 확인하곤 한다. 시단의 시인들과의 교류도 그다지 활발하지 않은 편이다. 크게 주목받지 못한 시인으로 나이 든다는 점도 한몫할 것이다.

직장 생활 할 때는 승진이나 자신의 안위에만 관심을 두는 사람이라 여겨지면 경계하거나 거리를 두었다. 그러다 보니 그 사람들에게 나도 소외와 경계의 대상일 수밖에 없었다. 시단에서도 허명을 좇는 사람이라 보이거나, 시인입네 하는 듯이 여겨지면 일정한 거리를 두려고 했지 싶다. 나이 들면서 돌아보니 많은 부분 내 편견과 오해와 열등 의식이 작용했음을 자각하게 된다. 많은 것을 잃었다. 나의 그러한 성격 탓에 좋은 사람들을 내게서 멀어지게 하기도 했다. 오해와 미움을 받기도 했다.

내 외로움의 출처는 자기기만에서 비롯되었다. 나 자신은 철저하지도 못했으면서 교육현장의 여러 문제에 관심을 두지 않거나 행동하지 않은 동료들을 알게 모르게 배척의 대상으로 바라보았던 적도 없지 않다. 내 눈높이와 맞지 않거나 나와 생각이 다른 사람들을 속으로 폄훼하고 멀리하는 경향이 내게 없지 않았다. 오만이다. 나 자신도 신상의 유불리를 생각하며 결정하고 행동했으면서 마치 내가 답인 것처럼 그 기준을 남에게만 들이댔던 것이다. 지금의 외로움은 다 내가 불러온 것이다. 지금 내 외로움은 사람들을 온 마음으로 대하지 못했던 데서 비롯되었다. 벌이라고 한다면 벌이다.

마음먹기에 따라서는 얼마든지 활발한 교류를 할 수 있음에도 불구하고 나는 그러지 않는 쪽을 택하였다. 이제 관계의 외연이 자꾸 늘어나는 것이 더욱 조심스러워진다. 모두 소심한 성격 때문이다. 어쩌면 외로움을 벗어나고 싶지 않다는 스스로의 선택 탓이 크지 싶다. 굳이 이름 붙이자면 자발적 외로움이라 할까? 하지만 외로움은 외로움이다. 그리 유쾌한 감정은 아니다. 그런데 문제는, 역설적이게도 이 외로움에 길들여져 있어 언젠가부터 벗어나고 싶은 마음이 간절하게 일지 않는다는 것이다. 외로움은 힘이 있다. 외로움은 내가 어떻게 살아왔는지 돌아보게 만든다. 내 시에 뉘우침이 많은 것은 그 때문인지도 모른다. 나로 하여금 시를 쓰게 하는 힘인지도 모른다.

새와 더불어

나는 새가 좋다. 내 시에 새가 자주 등장하는 것은 우연이 아니다. 시골 마을에 들어와 살면서 외로움과 많은 불편함을 겪는데도 그것을 보상해주는 것 가운데 하나가 자주 새를 접하게 된다는 사실이다.

흙과 나무로 지은 집이라 벽과 천장 어딘가 빈틈을 비집고 새소리가 스며들어온다. 새소리에 잠이 깨는 날은 더없이 기분이 상쾌하다. 봄 이른 아침 들려오는 소리는 되지빠귀 소리다. 그 소리 하도 청량하여 나는 문을 열고 맨 먼저 마당으로 나간다. 집 뒤 대밭 언저리에서 운다. 뒤를 이어 꾀꼬리, 뻐꾸기, 직박구리, 어치, 까마귀…….

이른 저녁부터 소쩍새 소리가 멀리서 가까이서 들려온다. 어릴 적 엄마 품에 안겨 잠이 오기를 기다릴 때 듣던 그 소리다. 소쩍새 소리를 들을 때면 엄마 품, 엄마 냄새가 떠오른다. 그래서 내게 소쩍새 소리는 아련한 그리움과 함께 오는 것이다. 봄이 되면 소쩍새를 기다린다. 봄이 되어 소쩍새가 찾아오는 것은 하나의 사건이다. 나에겐 비로소 봄이다.

산 아래 나의 오두막에선 가지가지 새를 만난다. 꿩이 집 뒤 대밭에 왔다가 매에게 당할 때도 있었다. 대밭은 비둘기의 잠자리다. 구구구구 울어댄다. 물까치는 떼를 이루어 설쳐댄다. 이놈들은 소리조차 요란하다. 앞마당 음나무에 둥지를 짓고 새끼를 치다가 무심코 다가간 나를 공격할 때도 있었다. 여름 철새로 알려진 후투티가 겨울 내내 매일 앞마당에 내려앉아 먹이를 찾는다. 텃밭에 블루베리 몇 그루를 심었다. 열매가 익으면 어찌 그리 알고 오는지 직박구리가 주인이다. 박새, 진박새, 쇠박새, 딱새, 곤줄박이, 큰오색딱따구리, 동박새…… 철따라 온갖 새들이 찾아온다.

지난겨울에는 딱새 암컷 한 마리가 매일 찾아와 부엌창과 화장실 창에 몸을 부딪치고 부리로 유리를 쪼아대는 일이 있었다. 그럴 때면 묘한 상상을 하게 된다. 전생에 나와 무슨 인연이 있었나, 집 안으로 들여보내달라는 신호일까? 겨울이 다 가도록 새는 그렇게 유리창에 매일 몸을 부딪쳤다.

한낮인데도 마을은 고요하다. 두 갈래로 나누이어진 두 골목에 거주하는 인구가 스무 명이나 될까? 고요 속에 새소리만 들려올 때도 있다. 그래서 더욱 새가 친근하게 느껴지고 새를 기다리는지도 모르겠다.

저물녘이 되니 다시 되지빠귀가 운다. 아침녘에 들었던 소리와는 다른 애절한 색깔이 느껴진다. 저 새도 나처럼 덧없이 저무는 봄 하루가 아쉬운가 보다.

누명

내 사는 꼴

얼마나 누추하게 보였으면

꽃이 많이 피어서

갖은 새소리 가까이 들려서

나더러 부자라고 아닌 누명을 씌우고 갑니다

억울하진 않았습니다

그 겨울, 딱새와 더불어

연일 부엌 창문에 암컷 딱새 한 마리가 날아와 정지비행 상태로 날개로 창을 두드리고 부리로 창유리를 쪼아댄다. 하루에도 여러 번이다. 주로 식탁 주위에 사람이 있을 때 새는 찾아온다. 내가 화장실에 가면 화장실 창문에 와서 또 같은 행동을 반복한다. 유리창에 부딪혀 새가 기절하거나 죽는 경우는 봤어도 이런 행동은 처음이다.

먹이를 달라는 뜻일까, 추워서 안으로 들어오고 싶다는 뜻일까, 전생에 무슨 인연이 있었나 별의별 생각이 다 든다. 새 먹이통을 만들어 잡곡을 부어 넣고 새가 드나드는 길목에 두어봤지만 별 관심을 보이지 않고 겨울 내내 그렇게 창을 두드렸다. 내가 화장실에 가면 화장실 창밖 장작더미 앉아 안을 들여다본다.

새나 나비를 전생에 인연을 가졌던 이의 영혼으로 말하는 경우를 종종 본다. 문학적 상상이거나 과학에 근거를 두지 않은 미신으로 여기는 나도 그 집요한 새의 행동에 기분이 묘해질 때가 있다.

봄이 오고 암컷 딱새는 더 찾아오지 않았다. 마당엔 수컷 딱새 한 마리가 자주 보인다. 근처 어디에 신혼 둥지를 틀었는지 암수가 번갈아 분주히 오간다.

딱새

겨울 내내 창가에 날아와
유리창에 날개를 부딪는 암컷 딱새 한 마리가 있었다
그 얘길 들은 어떤 이는
내 옛 여인이 환생하여 찾아왔다고도 하고
내 조상 가운데 누구일지도 모른다고 했다
그러나 그건 정말 모르는 소리다
나도 모르긴 마찬가지지만
오죽하면 그 이름이 새이겠는가
새신랑 새 세상 새 신발
막 다가왔거나 곧 다가올 그 처음을 뜻하는 관형사
그것으로 제 이름으로 삼은 저 날짐승을 과거형으로 말하는 것은 온당하지 않다
나는 매일 보는 저 새를 새로 본다
1분 전의 나를 나는 볼 수 없듯
새는 온 생애로 새 새이다
온전히 미래형도 아니지만 과거형은 더더욱 아니다
손님 그것도 새손님이거니

딱딱 소리를 낸다 하여 딱새라 한다지만

그것은 노크 소리인지도 모른다

문을 열라고

아직 연 적 없는 문을 열고 들여다본 적 없는 새 세상 새로 보라고

딱딱 똑똑 시간의 마디를 부러뜨리고

다시 움트는 시간을 부르는 새

관형사가 아니라 뭇별들의 대명사이거나 혹은 우주의 다른 이름이거나

애련설

7월 한여름 피어나는 연꽃을 아름답다 하지 않을 사람 있을까? 송나라 유학자 주돈이(周敦燎)가 연꽃을 좋아하여 지었다는 「애련설(愛蓮說)」이 전해진다. 주돈은 "진흙에서 피어나지만 더러움에 물들지 않고, 요염해지지 않으며, 줄기는 속이 비어 통해 있고 겉모습은 올곧으며, 이리저리 덩굴지고 가지치기를 하지 않고, 향기는 은은하여 멀리까지 퍼져도 오히려 더욱 맑고 그윽하며, 연꽃은 고고하고 꼿꼿하여, 멀리서 관상할 수는 있어도 가까이에서 마음대로 희롱할 수 없기 때문에" "꽃 가운데 군자"라 하였다.

주돈이만큼은 아닐지 모르나 나 또한 연꽃을 좋아한다. 내 사는 집 마당이 넓어 연못이라도 있다면 꼭 연을 키워

보고 싶은 맘을 품고 있었다. 주돈이는 연꽃에서 고고한 군자의 품성을 보아내었으나 나는 우선 그 자태와 색깔, 은은한 향기 정도, 그러니까 주로 겉모습에서 느껴지는 감각적 즐거움을 탐닉하는 정도라고 해야 옳겠다.

고개 너머 구례의 구만리에는 저수지가 있는데 그 한쪽에 연밭이 있다. 해마다 여름이 오면 나는 혼자서 혹은 식구들이나 지인들과 함께 몇 번이고 여기를 찾는다. 아침 해가 뜨기 전, 한낮 혹은 해 질 무렵, 시간이 달라지면 연꽃이 주는 그 느낌도 달라져서 연꽃이 피고 지는 한 철 이곳을 자주 찾는다. 연 가운데 백련을 좋아한다. 그 희고 맑고 깨끗한 아름다움을 형용할 말이 없다.

그러다가 연못이 아니더라도 큰 고무 수조에 연을 키울 수도 있다는 지식을 접하고 나도 마당 가에 연을 심어두고 보고 싶은 마음이 생겼다. 구만리 저수지 연밭에 연밥이 익을 때를 기다려 연씨 몇 개를 채취하였다. 인터넷을 검색하니 연씨를 심어 가꾸는 방법이 자세히 소개되어 있어 봄이 되기를 기다렸다가 따라 해보았다. 단단한 연 씨앗 한쪽에 발아하기 좋게 껍데기에 상처를 내고 물에 잠가두었더니 신기하게도 싹이 나고 자라기 시작하였다. 매일 물을 갈아주었더니 잎이 자라고 뿌리가 나오기 시작하였다. 마당 화단 한쪽을 파내고 큰 고무 수조를 묻었다. 그리고 싹을 틔운 연 몇 포기를 심었다. 매일 아침 그 작은 연못 가에 쭈그리고 앉아 연이 자라는 것을 보았다. 지성감천이라 했던가. 한 해가 지나고 다음 해 여름 작은 꽃대가 올라오더니 꽃을 피웠다.

한 가지 신기한 것은 연잎도 연꽃도 크나큰 연못에서 자랄 때와는 달리 크기가 작아진다는 사실이다. 과학적으론 어떻게 설명하는지 모르겠지만, 커다란 잎을 가진 가시수련도 작은 연못에 심어놓으면 잎과 줄기와 꽃이 작아진다는 말을 들을 적이 있다. 아, 어찌 식물에게 지각 능력이 없다고 하겠는가? 자신이 살아갈 터전의 크기를 가늠하고 거기에 자신의 몸 크기를 조절하다니! 생존을 위한 식물 나름의 지혜라 생각하니 놀라지 않을 수 없었다.

아무튼 작은 기적처럼 연꽃이 피었다. 실은 연꽃이 스스로 피었는데 나는 마치 내가 꽃을 피운 것처럼이나 내가 대견하고 기쁘기 그지없었다. 보통의 연꽃이 두 손바닥을 펼쳐 다시 꽃 모양으로 맞대고 살짝 오므렸을 때 그 크기라면 고무 수조 연못에서 피어난 연꽃은 손바닥 하나를 펼쳐 꽃 모양으로 살짝 오므렸을 때 크기 정도였다. 큰 연꽃은 어쩐지 그 크기를 감당하려는 꽃대가 위태해 보이고 꽃잎이 축

처지면 헤식은 느낌이 없지 않은데 이 작은 연꽃은 단단하고 야무진 느낌을 준다. 내가 이 작은 연꽃에 매료된 것은 주돈이가 연꽃을 사랑하는 정도 못지않을 것이다.

몇 해가 지났다. 지금까지 해마다 온통 흰색 백련이 피었는데 지난해는 한 송이가 묘하게도 흰 꽃잎 끝에 붉은색이 연하게 배어 있는 꽃이 피는 것이었다. 아마 내가 심은 백련의 조상 어느 때에 홍련과 교배하여 그 유전자가 남아 있었던 것은 아닌가 싶었다. 흑인 부부 사이에 백인이 태어난 경우가 있는데 그 조상 가운데 누군가가 흑백이 혼인을 하였기 때문이라는 글을 본 적이 있다. 아무튼 연꽃 하나에서 신기함과 신비로움을 만끽하고 있다.

지난해에 고무 수조를 더 큰 것으로 교체하였다. 연이 그동안 자랐던 수조에서 새 수조로 뿌리를 옮기고 다시 흙과 물을 채우는 과정에서 무엇이 잘못되었는지 새싹이 나오지 않아 애를 태웠다. 봄이 다 갈 무렵 몇 촉이 올라왔다. 일부가 죽고 일부는 살아남은 모양이다. 애를 태우며 매일 쪼그리고 앉아 기다리는데 살아남은 연에서 오늘 아침 작은 꽃몽오리가 하나 맺혀 올라온다. 그 하찮은 꽃몽오리 하나에 가슴이 벅차오른다.

윤회를 믿진 않지만

마당 가에 묻어놓은 고무 다라이 연못에
연을 심었다
내가 손수 씨앗 구해다가 싹 틔우고
손수 심어 잎이 나고
꽃을 피웠다 하지만
어디 그럴까
꽃대가 솟고 봉오리가 맺히면
허공은 잠시 물러나 자리를 내어준다
한 사나흘 핀 꽃 앞에서 무엇을 골똘히 생각하며
내가 꽃을 피웠으니 참 대견하구나 싶다가도
어디 그럴까
작년에도 피더니 올해도 피는구나 하지만
그게 어디 그럴까
이 세상에 없는 그 누가
연꽃이 피고 지는 동안 그 안에 있는 것 같고
처음, 그리고 다시는 오지 않을 그 누가
잠시 꽃을 들고 다녀간 것만 같아

꽃은 허공을 허공으로 돌려주고
나를 어느 곳으로 데려갔는지
그때 마주 보았던 저도 나도 없다
누가 다녀갔었나
심 봉사 눈을 뜨듯
연꽃 밖의 세상으로
새로 나를 데려온 듯
아닌 나는 자꾸 내가 아닌 것 같고

무릉도원에 들다

아랫집과 우리 집 사이 그 경계, 북쪽이 대밭으로 막힌 뒷마당 딱 그 경계에 복숭아 한 그루가 자라기 시작했다. 처음엔 작은 묘목에 불과했던 것이 시간이 지나자 꽃을 피웠다. 복사꽃은 사람의 마음을 혼미하게 할 정도로 색이 곱다. 복숭아나무를 집 안에 두면 귀신을 물리쳐서 제삿날이면 찾아와야 할 조상신도 못 찾아온다 하여 집 안에 심지 않는다. 이런저런 이유로 그 아름다운 꽃이 금기어의 목록에 들게 되었다.

세월이 지나며 햇살을 찾아 마당 쪽으로 길게 뻗고, 마치 일부러 그렇게 만든 것처럼 고목이 되어가면서 휘어져 부엌 창 가까이 늘어지게 되었다. 봄이면 활짝 꽃을 피웠을 때 그 자태와 빛깔은 그지없이 아름답다. 부엌 안쪽에서 창밖을 바라보아도 액자에 담아놓은 한 폭의 그림이다. 꽃이 피고 지는 한 일주일 도색이 어떠니 귀신이 어떠니 말하지 않기로 하자. 그러거나 말거나 봄이면 등을 켠 듯 환하게 꽃을 피우는 복숭아나무, 복숭아나무 한 그루가 이 궁벽한 시골 오두막을 잠시 무릉도원으로 만들어놓는다.

벌을 받다

거실 뒷문을 열고 나가면 데크가 있다. 거기에 허접한 일상 가재도구들을 쌓아놓기도 하고 궂은 날엔 빨래 건조대가 자리를 차지하기도 한다. 벽면엔 수납장이 하나 붙어 있다. 수납장은 좌우 두 칸으로 나뉘어 있고 미닫이문이 붙어 있다. 언젠가부터 미닫이 문틈 사이로 벌이 드나들었다. 대수롭지 않게 여겼다. 그런데 한두 마리가 아니라 제법 많은 벌이 드나들고 있었다. 가끔 거기에 빨래를 널던 아내는 벌이 무서우니 어떻게 해달란다. 수납장 문을 한쪽으로 밀어 열어보니 놀랍게도 토종벌이 커다란 벌집을 짓고 사는 게 아닌가.

나도 벌에 쏘이는 게 두려운 사람이라 어떻게든 빨리 해치워야 할 일이었다. 마침 얼마 전까지 동네에 벌을 키우던 분이 생각나 이장님을 통해 연락을 해서 가져가라 했다. 잠시 후 벌통을 가져와서 벌집을 떼어 통에 넣고 벌을 이사시켰다. 그런데 그날도 다음날도 그다음 날도 벌은 여전히 드나들었다. 웬일인가 싶어 이번엔 수납장 반대쪽 문을 열어보니 거기엔 더 큰 벌집이 여러 겹으로 매달려 있었고 수백 마리 벌이 붙어 있었다. 여왕벌이 그쪽에 있었던 모양이다.

주위에 이런 사건을 얘기했더니 굴러온 복이라 하면서 벌을 쳐보라 한다. 솔깃해졌다. 천연꿀을 얻어보리라는 달큼한 유혹이 나를 당겼다. 예이츠의 시「이니스프리의 호도」에서 "나뭇가지 얽고 진흙 발라 조그만 초가 지어/아홉 이랑 콩밭 일구어, 꿀벌 치면서/벌들 잉잉 우는 숲에 나 홀로 살리라" 했던 한 구절이 떠오르기도 하였다. 내가 사는 집도 마침 통나무와 흙으로 지은 오두막이니 예이츠의 시에서처럼 벌통을 두고 벌을 쳐보기로 한다. 이번엔 광양에 사는 큰자형에게 연락을 하였다. 현직에 있을 때부터 벌을 치는 분이다. 내 얘길 듣더니 벌통을 준비하고 양봉 도구 일체를 구입해 오셨다. 수납장 안에 있는 벌집을 여왕벌과 함께 옮겨 볕이 잘 드는 처마 밑에 벌통을 두었다.

내가 벌을 치게 된 사연이 이렇다. 벌을 옮길 때 보니 벌집마다 꿀이 가득 차 있었다. 겨울을 나는 동안 벌들이 양식으로 쓸 수 있도록 꿀을 채취하지 않았다. 자형은 이 벌이 분명 봄이면 분봉을 할 테니 준비를 하라 하면서 새 벌통 두 벌을 가져다 놓았다.

아니나 다를까 이번 4월 중순을 넘어가는 어느 날 수백 마리 벌들이 회오리를 만들며 마당 가운데로 진출하였다. 여왕벌과 함께 새 군집을 만들기 위해 벌들이 이사를 시작한 것이다. 이 벌들은 그리 멀지 않은 곳에 붙어서 새 집을 지을 장소를 모색한다고 한다. 이 벌들은 한참을 마당 주위를 맴돌더니 골목에 서 있는 느릅나무 줄기 밑에 커다란 풍선처럼 매달렸다. 한 세 시간 정도가 지나면 멀리 자리를 옮겨버린다는 말을 듣고 이제는 벌에 쏘일까 하는 걱정을 할 겨를이 없다. 서둘러 방충모자를 쓰고 사다리를 나무에 대놓고는 큰 비닐봉지로 주머니처럼 매달려 있는 벌 무리를 감싸서 봉지에 털어 넣었다. 그리고는 조립해놓은 벌통에 쏟아넣었다. 이제 마당 가엔 토종벌 벌통이 두 개다. 내년에는 또 분봉을 할 거라 하니 어찌 감당해야 할지 미리 걱정이 된다. 나는 양봉업자 혹은 꿀장사 명함을 하나 마련해야 할지도 모르겠다.

사는 일이 다 그렇긴 하지만 시골살이에는 여러 가지 예상치 못한 일들이 많다. 꿈에나 생각했을까? 별스러운 사건이어서 적어놓는다.

목련

집 지을 땅을 사고 처음으로 한 일이 땅에 나무를 심는 일이었다. 목련 두 그루다. 하나는 우리 목련 다른 하나는 백목련이다. 봄의 문을 여는 선구자 같은 그 순백의 꽃을 그리며 심었다. 목련나무는 무척 빠르게 크게 자란다. 집을 지으면서 큰 나무를, 그리고 앞으로도 더 클 나무를 어쩔 수 없이 강하게 전지를 하였다. 더 높이 위로 자라지 못하게 키를 낮추고 옆으로만 가지를 뻗게 한 것이다. 시간이 지나자 가지를 자른 부위 상처가 아물고 나무는 분재를 해놓은 것처럼 우산 모양으로 잘 자라주었다.

이른 봄 가지에 맺힌 꽃송이가 털 외투를 벗고 나올 무렵이면 잠이 오지 않을 정도로 걱정에 휩싸인다. 과장이라 하겠지만 그렇지 않다. 내 그렇게 좋아하고 기다리던 목련이 해마다 꽃이 터질 무렵이면 꽃샘추위, 늦추위가 몰려와 피어나던 목련이 얼어서 갈색으로 변해버리기 때문이다. 그럴 때면 큰 비닐로 나무를 덮어줄까 하다가도 자연의 순리라 여기고 그냥 바라만 볼 수밖에 없었다. 어느 해는 추위를 피해 가고 어느 해는 갈색으로 간신히 피어난 백목련을 안타깝게 보아야 할 때가 있다.

잘 피었다 해도 한 일 주일, 그다음 꽃은 지는 일이 남아 있다. 목련은 그 흰 꽃잎이 다른 꽃에 비하여 크기도 해서 꽃잎이 시들 때 지저분한 느낌을 어쩔 수 없다. 그러나 다른 꽃도 그러긴 마찬가지다. 지는 꽃까지 아름답기를 바랄까? 사람도 짐승도 그 어떤 꽃도 마지막 지는 모습은 생각만큼 아름답지 않다. 거기까지를 꽃으로, 삶으로 받아들여야 하지 않을까?

목련 후기

목련꽃 지는 모습 지저분하다고 말하지 말라
순백의 눈도 녹으면 질척거리는 것을
지는 모습까지 아름답기를 바라는가
그대를 향한 사랑의 끝이
피는 꽃처럼 아름답기를 바라는가
지는 동백처럼
일순간에 져버리는 순교를 바라는가
아무래도 그렇게는 돌아서지 못하겠다
구름에 달처럼은 가지 말라 청춘이여
돌아보라 사람아
없었으면 더욱 좋았을 기억의 비늘들이
타다 남은 편지처럼 날린대서
미친 사랑의 증거가 저리 남았대서
두려운가
사랑했으므로
사랑해버렸으므로
그대를 향해 뿜었던 분수 같은 열정이

피딱지처럼 엉켜서

상처로 기억되는 그런 사랑일지라도

낫지 않고 싶어라

이대로 한 열흘만이라도 더 앓고 싶어라

맨발

맨발이다. 애초 내가 세상에 나올 때 그 맨발이다. 오늘도 버릇처럼 맨발로 산길을 걷는다. 해발 300미터가 채 안 되는 그리 높지 않은 산, 능선을 따라 걷는다. 오르막 내리막이 급하지 않다. 송치재에서 애기봉을 거쳐 토끼봉, 절구골, 옹달샘, 황소골을 지나 시계탑까지 편도 3킬로미터 왕복 6킬로미터 거리다. 잘 다듬어져 걷기 좋은 길이라고 하지만 그것은 일부 구간 얘기고 나뭇가지가 널려 있고 바위가 부스러져 생긴 거친 모래가 깔려 있는, 가을이면 밤송이가 떨어져 가시가 널려 있기도 한 길을 그 맨발로 걷는다. 처음 시작할 땐 발바닥이 따갑다 못해 아프고 여러 번 작은 가시가 박히기도 했다. 돌출한 나무뿌리에 걸려 오른발 가운뎃발가락이 골절된 적도 있다.

맞다. 맨발 걷기 열풍이 일고 나도 덩달아 시작한 것은 맞다. 작년에 시작하였으니 아직은 몸에 좋다, 그렇지 않다 말할 정도는 아니다. 다들 말하는 것처럼 꾸준히 하면 건강에 좋겠지 하는 기대는 없지 않다. 그러나 내게는 이 길을 걸어야만 하는 다른 여러 가지 이유가 생기기 시작했다. 이 길은 대부분 소나무로 이루어진 숲이다. 능선의 길은 커다란 소나무 사이로 나 있다. 여기에 바람이 불어보아라. 숲 사이에서 흰배지빠귀, 되지빠귀, 멧비둘기, 뻐꾸기, 팔색조, 박새…… 새들이 울어보아라. 소나무 사이에 가끔 서 있는 아까시가 흰 무덤 같은 꽃을 피워보아라. 그 흩뿌린 꽃을 밟아보아라. 때죽나무꽃은 어떤가? 때죽나무는 꽃이 질 때 시들거나 마르지 않고 싱싱한 채로 꽃을 떨군다. 그 향기는 또 어떻게 말로 그려낼까?

그러나 꼭 그런 이유만도 아니다. 그 무엇보다 내가 이 길을 찾는 이유는 여기를 찾는 이가 그리 많지 않다는 점이다. 두어 시간 걷는 동안 마주치는 사람이 스무 명이 채 되지 않는다. 그러니까 조용히 걷기 좋은 길이라는 것이다. 나는 일부러 해가 설핏하게 기울 때를 택한다. 온전하게 걷는 데 집중하기 위해서다.

거칠면 거친 대로 부드러우면 부드러운 대로 흙과 함께

부러진 나뭇가지, 튀어나온 나무뿌리, 썩어가는 낙엽을 밟는 그 느낌을 오롯이 느낀다. 그 느낌을 맨살로 받아 느끼고 들려오는 새소리 바람소리 숲의 향기를 내 안에 채울 때 나는 나를 보게 된다. 좌고우면하지 않고 달려왔던 시간 속의 내가, 세상의 중심이나 되는 것처럼 말하고 행동했던 내가 3인칭으로 보인다. 사람들 사이에서 좀 커 보이려고, 세 보이려고, 있어 보이려고 아등바등하던, 내가 나를 속이고 그게 내 모습인 것처럼 알고 살아왔던 내 모습이 보인다. 내가 나를 보는 일은 유쾌한 일만은 아니다. 부끄럽고 때로 눈물이 솟을 만큼 치욕이 솟구칠 때도 있다.

아직은 모른다. 건강이 나아졌는지 또 내가 나를 얼마나 겸허하게 비우고 맑아졌는지 더 많은 시간이 필요하겠지. 성소에 드는 것처럼 오늘도 숲길을 걷는다. 나는 도보고행승(徒步苦行僧)처럼 잠시나마 맨발로 여기를 지나간다.

아빠가 죽, 죽을……

두 딸 모두 요즘 몸이 안 좋다는 기별이 왔다. 아내는 큰 아이를 살핀다고 서울에 가고 나 혼자 집을 지키고 있는데 맘이 편하지 않다. 코로나에 걸려 고생하고 있다는 둘째가 맘에 걸렸다. 둘째는 청주에서 요가원을 운영하는데 힘이 많이 드는 모양이다. 애써 벌어서 월세 내고 직원 월급 주면 제 월급도 안 나올 때가 많단다. 사람 만나는 일이라 스트레스도 크단다. 코로나도 코로나지만 제 앞길 헤쳐나가느라 얼마나 힘들까 생각하자니 마음이 편하지 않다.

서둘러 장을 보아 전복죽을 끓였다. 플라스틱 용기에 뜨거운 음식을 담는다면 유해성분 어쩌고 하면서 아이들은 기겁을 할 것이다. 애써 끓인 죽도 안 먹을지 모른다. 새로

스테인리스 용기를 사서 끓는 물로 헹구어내고 죽을 담아 청주로 달려갔다. 반가워하고 기뻐할 딸아이를 떠올리며 두어 시간 차를 달려 거의 도착할 무렵 아이에게 죽 배달 왔노라고 전화를 했더니 곧바로 울음부터 터트린다. 아빠가 멀리 남원에서 청주까지 죽을 끓여서 온 게 믿어지지 않았던 모양이다.

요가학원 건물 아래 차를 대고 딸아이를 만났다. 내게 전염될까 봐 마스크를 쓰고 있어 만났어도 얼굴도 보지 못한 채 얘길 나누었다. 오늘같이 몸이 아픈 날엔 정말 힘이 들어 누구라도 붙잡고 울고 싶었단다. 어려서부터 집을 떠나 공부하며 여러 가지 어려움과 아픔을 딛고 꿋꿋하게 제 앞길을 열어가는 아이가 늘 대견스럽고 미더웠지만 그런 모습 뒤엔 부모한테 다 말하지 못한 이야기가 어디 한두 가지일까? 내내 울어 쌓는다. 나는 가만히 들으며 어깨를 토닥여주는 것 말고 달리 해줄 말이 떠오르지 않았다. 함께 식사도 못 하고 아이는 일터로 돌아갔다.

서둘러 퇴근한 사위와 식당을 찾아 식사를 하였다. 내가 온다는 전화를 받고 남편에게 전화를 걸었더란다.

"오빠(남편), 아빠가 (전화기 너머로 훌쩍 훌쩍 말을 잇지 못하며)

아빠가……."

"아빠가 어쨌다고? 울지 말고 말해."

"아빠가 죽, 죽을…… (목이 잔뜩 잠긴 채 연신 훌쩍거리며) 아빠가 죽을……."

"뭐? 아빠가 뭐…… 돌아가셨……?"

"아니, 아빠가 죽을, 죽을 끓여서 남원서 (아직도 훌쩍이며) 지금 오고 있대."

다시 차를 달려 내 사는 곳으로 돌아왔다.

나는 자식에게 이렇게라도 마음을 표현할 수 있었지만 아무것도 해줄 수 없었던 가난했던 나의 부모님 마음은 어땠을까. 부모에게 자식은 우주와도 바꿀 수 없는 삶의 전부일 텐데. 잠은 오지 않고 늦은 밤까지 혼자 소주를 마신다.

지기매

명예퇴직을 앞두고 왠지 허전한 마음에 봄 오는 남도 광양 옥룡사지로 바람을 쐬러 간다. 섬진강 매화마을을 지나다가 길가에 진열되어 있는 매화분을 하나 샀다. 매화를 좋아하여 집에 몇 그루 매화나무를 심어두고 보고 있으나 분에 심어진 매화를 하나 가꾸어보고 싶었기 때문이다. 노지에서 매화가 피기 전에 이른 봄 실내에서 꽃을 피운 매화를 보고 싶었다.

돌아와 딸아이에게 이 사실을 말하니 아이는 반 넘은 장난기로 이 매화를 퇴지기(퇴직한 사람 정도의 뜻?)라고 이름 붙이자 하였다. 그리고 문장 하나를 지어 보낸다. "후퇴일보취지기(後退一步就知己)". 좋다. 매화분에 이름 붙일 생각은 해보지 않았으나 딸아이가 준 문장이 꼭 맘에 들었다. 줄여서 이 매화나무 이름을 '지기매(知己梅)'라 하기로 한다. '한 걸음 뒤로 물러서 자신을 알도록 하자.' 진지하게 이름 붙인 것은 아니로되 말이 안 되는 것은 아닐뿐더러 오히려 뜻을 붙이자니 그럴듯하다. 허겁지겁 허둥지둥 천방지축 살아온 세월 다 지나고 이제 한 걸음 뒤로 물러서 고요히 스스로를 돌아보는 일.

매화를 돌보듯 스스로를 돌보고 매화를 보듯 내 안을 들여다보아야 하겠다는 다짐을 해본다. 퇴계 선생께서 돌아가실 무렵 제자들에게 "매화나무 물 주는 것 잊지 말아라." 하셨다는데, 말 그대로 화분이 마르지 않도록 물을 부어주라는 뜻으로만 말씀하셨을 리가 있었겠나? 사군자의 첫째로 꼽는 매화의 고결한 성품이 시들지 않도록 하라는 말씀은 아니었을지.

지기매(知己梅)

퇴직 기념하여
매화분 하나 들였더니
큰아이가 문장 하나 지어 보내준다

후퇴일보취지기(後退一步就知己)
물러나 자신을 알라
줄여서 퇴지기(退知己)

지기(知己)가 명분이면 백 보를 물러서도 좋겠다
매화나무 이름을 지기매(知己梅)라 하기로 한다

허겁지겁, 허둥지둥, 천방지축 살아온 세월 다 지나고
이제 한 걸음 뒤로 물러서
고요히 스스로를 돌아보라는 뜻

퇴계 임종시에
매화나무 물 주는 것 잊지 말라 했다는데

매화의 성품 시들지 않게 하라는 뜻으로 풀이한다면

서늘하여라

딸아이 지어준 매화 이름

그럼에도 불구하고

어려선 그림을 그리는 사람이 되고 싶었다. 초등학교 시절에 크레파스로 그림을 그리다가 중학교에 미술부에 들어가 그림을 배웠다. 나중에야 그림을 더 잘하려면 학원도 가고 교습도 받아야 한다는 것을 알았다. 그러나 경제적인 능력이 없는 아버지께, 남의 밭을 매주고 품삯을 받아 내 용돈을 대시는 어머니께 그걸 요구할 수는 없었다. 그렇다고 어렵게 사는 형 누나들한테 그걸 바랄 수도 없었다. 그림에 대한 미련을 버리지 못하고 대학에 들어가서는 용돈을 모아 화실에 등록하고 목탄 데생을 계속하면서 갈증을 해소하였다. 그러나 그뿐이었다. 당장 붓 하나 살 돈이 없는 나는 그림에 대한 미련을 접어야 했다.

그게 무엇이었을까? 내 안에서 자꾸 솟구치는 표현을

위한 갈망. 고등학교 때 교내 글쓰기 백일장에서 장원을 한 일, 담임 선생님이 나 모르게 내 원고를 어떤 공모전 보내서 작은 상 하나를 받은 일, 어찌 보면 대수롭지 않은 일. 그런 것들이 씨앗이 되었을까? 그림을 그리지 못하는 동안 나는 시를 읽었고 시를 끼적이기 시작하다가 서른 살 무렵 끝내 어쭙잖은 시인의 이름을 얻게 된다.

시를 쓰는 데는 다양한 독서와 인접 예술에 대한 많고 깊은 관심이 필요하다. 세상의 흐름을 옳게 읽을 수 있어야 한다. 그리고 크고 작은 경험을 하면서 그것을 깊이 들여다보고 그 의미를 캐물어야 한다. 예나 지금이나 내 독서는 턱없이 부족했고 사물과 사건을 들여다보는 눈도 깊지 못했다. 더구나 옳다고 믿는 것에 대해 온 몸을 던져 실천해보지 못했다. 지금까지 살아오면서 그만그만한 시밖에 쓰지 못한 이유가 바로 그 까닭이다.

시가 찾아오지 않은 시간엔 애를 태워야 했다. 얼마나 많은 시간을 시 같잖은 생각과 문장에 매달려 기력을 소진해야 했던가. 내게 시를 쓰는 작업은 보람과 성취감을 얻는 시간보다 작거나 큰 절망 속에 나를 내던지는 일이었다.

변방에 살아서가 아니라 시의 변죽만 울리고 있는 나에

게 문예지나 평론가나 독자들의 눈길이 미치지 않는 것은 당연한지도 모른다. 그럼에도 불구하고 나는 아직 시를 읽고 또 쓰고 있다. 쓰지 않고 읽지 않으면 거울을 보지 않은 것처럼 내가 보이지 않기 때문이다. 비루하면 비루한 대로 소박하면 소박 한 대로 내 안에 표현을 얻고자 하는 생각과 감정을 외면할 수가 없다. 그나마 이것 말고는 달리 할 수 있는 게 없기 때문인지도 모른다.

> 세상이 어떻게 생각하든 별 차이 없어. 렘브란트는 그리지 않으면 안 되었던 거지. 그의 그림이 좋든 나쁘든 그건 상관없어. 그림 그린다는 것 자체가, 그를 한 인간으로 지탱해준 거니까. 예술의 귀중한 가치는 빈센트, 예술이 예술가를 드러내 주는 그 표현에 있는 거야. 렘블란트는 자신의 인생의 목적이라고 느끼고 있는 것을 완성했어. 그래서 그가 옳은 거지. 설사 그의 작품이 무가치한 것이라 치더라도 자신의 욕망을 짓눌러버리고 암스테르담의 부유한 상인이 되는 경우보다야 천 배는 성공한 셈일 게야.
>
> — 소설 『빈센트 빈센트 반 고흐』에서*

* 어빙 스톤, 『빈센트 빈센트 반 고흐』, 최승자 역, 청미래, 2007.

그림을 포기하고 목사 수업을 하면서 갈등하는 고흐에게 그의 라틴어 수업 선생님이 한 말이다. 내 글쓰기에 지치고 부질없음에 사로잡힐 때면 떠올리는 대목이다. 시가 나를 한 인간으로 지탱해줄지도 모른다는, 암스테르담의 부호를 꿈꾸는 일은 애초부터 선택지에 없었으므로 이젠 달리 선택의 여지가 남아 있지 않다는 생각에 나는 또 쓸 것이다.

근황

산이 좋아 산 아래 이사 왔더니
산봉우리가 보이지 않아요

멀리 있어야 더 잘 보이는 게 있다는 것을 알았지요
그대가 그러하듯이

겨울에 바람을 막아줄 거라 생각하면서
산 아래 바짝 집을 지었지요
덕분에 산에 가려 일찍이 해가 져서 그늘이 많아요

화초도 채소도 잘 자라지 않아요
불타는 석양을 볼 꿈은 꿀 수도 없어요
하마터면 좋은 시를 쓸 뻔했지요

전원생활이라고요?
모기떼는 어쩌고요
가끔씩 나타나 질겁하게 만드는 지네는, 뱀은

덕분에 사는 법 한 가지는 알려줄 수 있어요
비결 같은 거지요
그늘로 햇볕을 대신하는 일종의 연금술 같은 거요

짖어대는 물까치를 이길 수 없는 내가 얼마나 하찮은가 인정하면서
애써 가꾼 블루베리를 새가 몇 개는 남겨놓은 것에 감사하며

그냥 살아요
견디며, 애써 좋아해야 할 이유를 찾으며

나 잘 살고 있어요

푸른사상 산문선

1 나의 수업시대 | 권서각 외
2 그르이 우에니껴? | 권서각
3 간판 없는 거리 | 김남석
4 영국 문학의 숲을 거닐다 | 이기철
5 무얼 믿고 사나 | 신천희
6 따뜻한 사람들과의 대화 | 안재성 (2012 문학나눔)
7 종이학 한 쌍이 태어날 때까지 | 이소리
8 노동과 예술 | 최종천 (2013 문화관광부 우수교양)
9 은하수를 찾습니다 | 이규희 (2014 문학나눔)
10 흑백 필름 | 손태연
11 인문학의 오솔길을 걷다 | 송명희
12 어머니와 자전거 | 현선윤
13 아나키스트의 애인 | 김혜영 (2016 문학나눔)
14 동쪽에 모국어의 땅이 있었네 | 김용직
15 기억이 풍기는 봄밤 | 유희주
16 계절의 그리움과 몽상 | 강경화
17 오늘도, 나는 꿈을 꾼다 | 최명숙 (2017 문학나눔)
18 뜨거운 휴식 | 임성용
19 우리는 영원하고 사랑도 그렇다 | 김현경 외
20 꼰대와 스마트폰 | 하 빈
21 다르마의 축복 | 정효구 (2018 문학나눔)
22 문향 聞香 | 김명렬
23 꿈이 보내온 편지 | 박지영
24 마지막 수업 | 박 도
25 파지에 시를 쓰다 | 정세훈 (2019 문학나눔)
26 2악장에 관한 명상 | 조창환
27 버릴 줄 아는 용기 | 한덕수
28 출가 | 박종희 (2019 문학나눔)
29 발로 읽는 열하일기 | 문 영
30 봄, 불가능이 기르는 한때 | 남덕현
31 언어적 인간 인간적 언어 | 박인기
32 낡아도 좋은 것은 사랑뿐이냐 | 김현경 (2020 문학나눔)
33 대장장이 성자 | 권서각 (2021 문학나눔)
34 내 안의 그 아이 | 송기한
35 코리아 블루 | 서종택 (2021 문학나눔)
36 천사를 만나는 비밀 | 김혜영
37 당신이 있어 따뜻했던 날들 | 최명숙 (2021 문학나눔)
38 무화과가 익는 밤 | 박금아 (2021 문학나눔)
39 중심의 아픔 | 오세영
40 트렌드를 읽으면 세상이 보인다 | 송명희
41 내 모든 아픈 이웃들 | 정세훈
42 바람개비는 즐겁다 | 정정호 (2022 문학나눔)
43 먼 곳에서부터 | 김현경 외
44 생의 위안 | 김영현
45 바닥–교도소 이야기 | 손옥자
46 곡선은 직선보다 아름답다 | 오세영
47 틈이 있기에 숨결이 나부낀다 | 박설희 (2023 문학나눔)
48 시는 기도다 | 임동확 (2023 문학나눔)
49 이허와 저저의 밤 | 박기눙
50 지나간 것은 모두 아름답다 | 유민영 (2023 문학나눔)
51 세상살이와 소설쓰기 | 이동하 (2023 문학나눔)
52 내 사랑 프라이드 | 서 숙
53 수선화 꽃망울이 벌어졌네 | 권영민
54 점등인이 켜는 별 | 이정화
55 저의 기쁨입니다 My pleasure | 금선주
56 스물셋, 아무렇더라도 나를 사랑해준 사람 | 서용좌
57 서리달에 부르는 노래 | 오인순
58 교하와 염하 사이 | 윤기묵
59 시는 내 곁으로 와 눕고 | 김현경 외